고용노동부
직업상담원

최 단 기 문 제 풀 이

무 기 계 약 직 전 임 상 담 원

국민기초생활보장법령

고용노동부
직업상담원
최단기문제풀이
국민기초생활보장법령

초판 인쇄   2022년 3월 16일
초판 발행   2022년 3월 18일

편 저 자 | 공무원시험연구소
발 행 처 | ㈜서원각
등록번호 | 1999-1A-107호
주   소 | 경기도 고양시 일산서구 덕산로 88-45(가좌동)
교재주문 | 031-923-2051
팩   스 | 031-923-3815
교재문의 | 카카오톡 플러스 친구[서원각]
영상문의 | 070-4233-2505
홈페이지 | www.goseowon.com
책임편집 | 정상민
디 자 인 | 이규희

고용노동부에서는 지방고용노동청 및 지청의 고용센터에서 근무하게 될 "직업상담원"을 채용하고 있다. 직업상담원은 채용된 지방고용노동관서의 고용센터에서 구인·구직의 상담 및 직업소개에 관한 업무 등을 담당하게 된다. 하루 8시간 근무에 4대 보험이 적용되기 때문에 단기간 근로를 원하는 근로자 및 주부들의 관심이 클 것으로 예상된다.

이에 따라 수험서 전문 출판사인 ㈜서원각에서는 오랜 교재개발에 따른 노하우와 탁월한 적중률을 바탕으로 직업상담원으로 근무를 희망하는 지원자들이 단기간에 합격의 길로 다가설 수 있도록 본 교재를 출간하게 되었다.

본서는 직업상담원 필기시험 3과목 중 "국민기초생활보장법령"에 대한 문제집으로, 국민기초생활보장법령 과목을 체계적으로 편장을 구분한 뒤 기출문제분석을 통해 엄선된 출제 기능성이 높은 예상문제들을 수록히였다. 또한 매 문제마다 상세한 헤설괴 보충 설명을 수록하여 학습능률을 높였다.

신념을 가지고 도전하는 사람은 반드시 그 꿈을 이룰 수 있다. 본서와 함께하는 이 도전이 합격이라는 열매를 맺을 수 있기를 바란다.

〈고용노동부 직업상담원 공개모집 안내〉

✔ 2022년 채용기준

▌응시자격

구분	주요 내용
학력 및 전공	• 학력 및 전공 무관
성별, 연령	• 제한 없음 (단, 정년 연령인 만 60세 미만자)
병역	• 남자의 경우 병역필 또는 면제자 * 단, 채용일 이전 전역예정자로서 전형절차에 응시가능자 지원 가능
자격 및 경력	• 「국가기술자격법」에 따른 직업상담사 자격을 취득한 사람 • 「고등교육법」에 따른 4년제 대학 이상의 학위를 취득한 사람 • 고등학교졸업 이상의 학력소지자로서 직업상담 관련분야 근무경력이 5년 이상인 사람 (※ 직무설명자료 참조) * 직업상담 관련분야의 경력이란 「직업안정법」에 따른 국·공립 직업안정기관, 국·공·사립 학교, 무료직업소개사업을 하는 비영리법인, 「근로자직업능력개발법」에 따른 직업훈련기관, 「사회복지사업법」에 따른 사업복지기관, 「청소년기본법」에 의한 공공청소년단체 등에서 직 업소개, 직업지도, 직업훈련 그 밖에 직업상담과 관련 있는 업무를 수행한 경력을 말한다.
기타	• 인사 관련규정 상 결격사유에 해당되지 않는 자 (※ 기타 유의사항 참조)

* 원서접수 마감일 기준

▌전형절차

필기시험	• 시험 형태 : 3과목 각 객관식 25문항(총 75문항) • 시험 과목 -(필수) 고용보험법령(시행규칙 미출제), 직업상담학 -(선택) 사회(정치, 경제, 사회문화) 또는 국민기초생활보장법령(시행규칙 미출제) 중 1과목 　　　 ※ 법령은 시험일 기준 시행 중인 법령

⇩

면접전형	• 필기시험 합격자를 대상으로 면접 전형 진행 • 공무 수행자로서의 직업기초능력, 직무수행능력 등을 평가

▌전형방법

전형단계	비고
지원서 접수	• 워크넷 e-채용마당 　※ 우편, 이메일, 방문접수 불가 　　다만 장애인 전형은 현장 및 우편 접수 가능
필기시험	• 시험형태 : 3과목 각 25문항(총 75문항, 객관식) • 시험시간 : 70분 • 장소 : 대전 (구체적인 장소는 추후 공지)
필기시험 합격자 발표	• ○○지방고용노동청 홈페이지 공고 예정 　* 과목별 40점 이상, 성적순으로 응시단위(지청)별 채용인원의 2배수로 선발 　　다만 채용인원이 3명 미만인 경우 3배수 선발
면접전형	• 직무능력, 품성, 가치관, 조직 적응력 등 평가 　* 면접은 첨부된 직무설명 자료를 바탕으로 진행
최종 합격자 발표	• 필기시험과 면접 점수를 합산하여 고득점 순 선발 • 응시지역 관할 지방고용노동청(지청) 홈페이지에 공고 예정

※ 최종합격자의 채용포기, 결격사유 등 사정으로 결원 발생 시 면접시험 성적에 따라 추가 합격자 결정

2022년 시험전형일정	
전형단계	시험일정
지원서 접수	2022.3.10. 09:00~2022.3.17. 18:00
필기시험	2022.4.9. 14:30
필기시험 합격자 발표	2022.4.15.
면접전형	2022.4.20.~
최종 합격자 발표	2022.4.27.

※ 상기 일정은 변경될 수 있으며, 이 경우에는 각 (지)청 홈페이지 게시판에 공지됨

▌우대사항

구분	우대사항		

구분		구분	가점대상 자격증	가점
자격사항 〈필기전형〉	직무관련		• 직업상담사 1급	3점
			• 직업상담사 2급 • 사회복지사(1급, 2급) • 직업능력개발훈련교사	2점
	정보처리 분야		▫통신 · 정보처리 분야 • 정보관리기술사, 전자계산조직응용기술사(컴퓨터시스템응용기술사), 정보처리기사, 전자계산기조직응용기사, 사무자동화산업기사, 정보처리산업기사, 전자계산기제어산업기사 ▫사무관리분야 • 워드프로세서, 컴퓨터활용능력	1점

자격사항 〈필기전형〉 (continued):

※ 폐지된 자격증으로서 국가기술자격법령 등에 따라 그 자격이 계속 인정되는 자격증은 가점 대상 자격증으로 인정한다.
※ 직무관련 자격증은 본인에게 유리한 자격증 1개만 적용(여러 개의 자격증을 제출하더라도 중복하여 가산하지 않음)
※ 정보처리분야 자격증은 1개만 적용(여러 개의 자격증을 제출하더라도 중복하여 가산하지 않음)

취업지원 대상자 〈필기 · 면접전형〉:

• 취업지원대상자를 규정한 법률에 따라 만점의 10점 또는 5점 부여

☞ 취업지원 대상자를 규정한 법률
▲「국가유공자 등 예우 및 지원에 관한 법률」 제29조
▲「독립유공자예우에 관한 법률」 제16조
▲「보훈보상대상자 지원에 관한 법률」 제33조
▲「고엽제후유의증 등 환자지원 및 단체설립에 관한 법률」 제7조의9
▲「5.18민주유공자 예우에 관한 법률」 제20조
▲「특수임무유공자 예우 및 단체설립에 관한 법률」 제19조

※ 가점은 전형별 만점 배점 외로 추가 가산되며, 지원자가 가산대상에 중복 해당할 경우 중복하여 가산

* 필기전형 시, 자격사항 가점 및 취업지원대상자 가점 모두 포함될 경우 중복 가산
* 「고용상 연령차별금지 및 고령자고용촉진에 관한 법률」 제15조제1항의 규정에 따른 준고령자와 고령자 우선고용 직종으로 동점자일 경우 고령자 · 준고령자 우대
* 우대사항은 원서접수 마감일을 기준으로 함

▌접수서류

제출 서류	제출 시기
NCS기반 입사지원서, 경험 혹은 경력 기술서, 자기소개서 각 1부	원서접수 시
자격요건 관련(해당부분 전체) • 「국가기술자격법」에 따른 직업상담사 자격을 취득한 사람 　※ 직업상담사 자격증 사본 1부 • 「고등교육법」에 따른 4년제 대학 이상의 학위를 취득한 사람 　※ 해당 대학 졸업증명서 사본 1부 • 고등학교졸업 이상의 학력소지자로서 직업상담 관련분야 근무경력이 5년 이상인 사람 　※ 고등학교 졸업증명서 및 경력증명서 각1부	면접 시
가점대상 자격증(해당부분 전체) • 직업상담사 등 직무관련 자격증 사본 각 1부(해당자) • 정보처리분야 관련 자격증 사본 각 1부(해당자)	
취업보호 · 지원대상자 증명서 각 1부(해당자, 국가보훈처 발급) ☞ 취업지원 대상자를 규정한 법률 　▲「국가유공자 등 예우 및 지원에 관한 법률」 제29조 　▲「독립유공자예우에 관한 법률」 제16조 　▲「보훈보상대상자 지원에 관한 법률」 제33조 　▲「고엽제후유의증 등 환자지원 및 단체설립에 관한 법률」 제7조의9 　▲「5.18민주유공자 예우에 관한 법률」 제20조 　▲「특수임무유공자 예우 및 단체설립에 관한 법률」 제19조	

※ 경력증명서는 해당 모집분야와 관련하여 근무한 경력증명서를 첨부하되, 근무기간, 직위, 직급, 담당업무를 정확히 기재하고 발급확인자 서명 및 연락처 포함

▌근로조건

① 수습기간 : 채용일로부터 3개월

　　※ 교육성적, 직무수행능력 및 태도 등에 대한 평가를 통해 계속 고용 여부 결정

② 보수수준 : 전임직급 직업상담원 1호봉

　　※ 정액급식비, 명절상여금, 가족수당 및 법정수당 별도
　　※ 4대 보험 가입(건강보험, 국민연금, 고용보험, 산재보험)

③ 근무시간 : 주 5일(월~금), 1일 8시간(09:00~18:00, 휴게 1시간)

④ 근무 장소 : 응시지역 관할 지방고용노동청 및 관할 소속기관(지청)

　　* 근무 장소는 최초 배치시 응시단위(청·지청) 소속 고용센터 또는 관련 부서에 근무하게 되나, 효율적 인력운영을 위해 「고용노동부 공무직근로자 운영규정」에 따라 청 관할 내 소속기관 간 전보로 변경될 수 있음

⑤ 그 밖의 복무 등에 관한 사항은 "직업상담원 운영규정" 및 "고용노동부 공무직 근로자 운영규정"에 따름

▌응시원서 접수절차

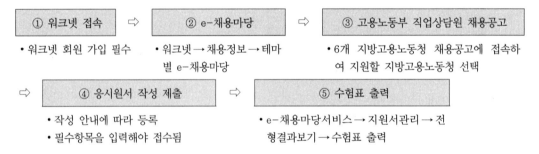

① 워크넷 접속	⇨	② e-채용마당	⇨	③ 고용노동부 직업상담원 채용공고

- 워크넷 회원 가입 필수
- 워크넷→채용정보→테마별 e-채용마당
- 6개 지방고용노동청 채용공고에 접속하여 지원할 지방고용노동청 선택

⇨	④ 응시원서 작성 제출	⇨	⑤ 수험표 출력

- 작성 안내에 따라 등록
- 필수항목을 입력해야 접수됨
- e-채용마당서비스→지원서관리→전형결과보기→수험표 출력

▌기타 유의사항

① 응시자가 「채용절차의 공정화에 관한 법률」 제11조에 따라 최종합격자 발표일의 다음날부터 30일까지 제출한 채용서류 반환을 신청하는 경우에는 반환(최종 채용 합격자, 홈페이지 또는 전자우편으로 제출된 경우는 제외)하며, 반환하지 않거나 전자적으로 접수한 서류는 「개인정보 보호법」에 따라 파기합니다.

② 응시자는 응시자격이 있어야만 응시가 가능하오니 응시자격을 반드시 확인하시기 바랍니다.

③ 제출한 서류 내용이 사실과 다를 경우 합격을 취소할 수 있습니다.

④ 입사지원서 등은 정확히 작성하여야 하고, 이를 준수하지 아니할 경우 사안에 따라 불이익을 받을 수 있습니다.

⑤ 입사지원서에 근무희망 지역(청·지청)을 반드시 기재하여야 하며, 그렇지 않을 경우 서류전형에서 제외됩니다.

⑥ 응시자는 서울청, 중부청, 부산청, 대구청, 광주청, 대전청 6개 청 중에서 1개의 청에만 응시 가능합니다. (2개 이상 청·지청 중복하여 접수할 경우 0점 처리)

⑦ 최종합격자의 채용포기, 결격사유 등 사정으로 결원 보충 필요시 면접시험 성적에 따라 추가합격자를 결정할 수 있습니다.

⑧ 채용시험 결과 적격자가 없을 경우 당초 예정인원보다 적게 채용할 수도 있습니다.

⑨ 합격자 발표 후라도 경력 조회 등을 통하여 결격사유가 발견될 경우 합격이 취소될 수 있습니다.

⑩ 본 계획은 사정에 의해 변경될 수 있으며, 변경된 사항은 해당시험 전에 변경 통지 또는 공고할 예정입니다.

⑪ 시험결과에 부당한 영향을 끼칠 목적으로 허위자료를 제출하였을 경우 관계 법령에 의거 형사고발 조치를 당할 수 있습니다.

⑫ 결격사유

– 피성년후견인 또는 피한정후견인(2013.7.1. 전에 선고를 받은 금치산자 또는 한정치산자를 포함한다)

– 파산선고를 받고 복권되지 아니한 사람

– 금고 이상의 형을 선고받고 그 집행이 종료되거나 집행을 받지 아니하기로 확정된 후 5년이 지나지 아니한 사람

– 금고 이상의 형을 선고받고 그 집행유예 기간이 끝난 날부터 2년이 지나지 아니한 사람

– 금고 이상의 형의 선고유예를 받은 경우에 그 선고유예기간 중에 있는 사람

– 법원의 판결 또는 다른 법률에 따라 자격이 상실되거나 정지된 사람

– 징계로 해고 처분을 받은 때부터 3년이 지나지 아니한 사람

⑬ 기타 자세한 내용은 아래 연락처로 문의하시기 바랍니다.

※ 고용노동부 본부(☎ 044-202-7337)
※ 서울지방고용노동청 고용관리과(☎ 02-2250-5812)
※ 중부지방고용노동청 고용관리과(☎ 032-460-4511)
※ 부산지방고용노동청 고용관리과(☎ 051-850-6321)
※ 대구지방고용노동청 고용관리과(☎ 053-667-6319)
※ 광주지방고용노동청 고용관리과(☎ 062-975-6263)
※ 대전지방고용노동청 고용관리과(☎ 042-480-6217)

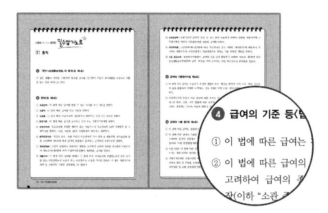

최신 개정 법령

2021년 개정된 최신 법령을 반영하였습니다.

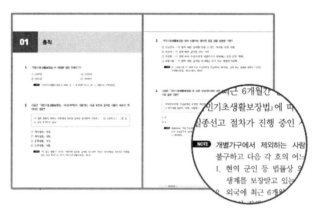

신통한 문제 및 착한 해설!

기출문제 분석을 통해 시험 출제 경향을 반영하여 시험에 꼭 나올 만한 문제를 엄선하여 수록하였습니다. 학습능률을 높이는 상세하고 꼼꼼한 해설로 합격에 한 걸음 더 가까이 다가갈 수 있습니다.

실전 모의고사

시험 전 마무리를 위한 실전 대비 모의고사를 수록하여 최종 점검을 할 수 있습니다.

PART

01

국민기초생활보장 법령

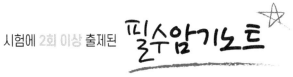

01 총칙

1 「국민기초생활보장법」의 목적〈법 제1조〉

이 법은 생활이 어려운 사람에게 필요한 급여를 실시하여 이들의 최저생활을 보장하고 자활을 돕는 것을 목적으로 한다.

2 정의〈법 제2조〉

① **수급권자** : 이 법에 따른 급여를 받을 수 있는 자격을 가진 사람을 말한다.

② **수급자** : 이 법에 따른 급여를 받는 사람을 말한다.

③ **수급품** : 이 법에 따라 수급자에게 지급하거나 대여하는 금전 또는 물품을 말한다.

④ **보장기관** : 이 법에 따른 급여를 실시하는 국가 또는 지방자치단체를 말한다.

⑤ **부양의무자** : 수급권자를 부양할 책임이 있는 사람으로서 수급권자의 1촌의 직계혈족 및 그 배우자를 말한다. 다만, 사망한 1촌의 직계혈족의 배우자는 제외한다.

⑥ **최저보장수준** : 국민의 소득·지출 수준과 수급권자의 가구 유형 등 생활실태, 물가상승률 등을 고려하여 제6조에 따라 급여의 종류별로 공표하는 금액이나 보장수준을 말한다.

⑦ **최저생계비** : 국민이 건강하고 문화적인 생활을 유지하기 위하여 필요한 최소한의 비용으로서 제20조의2제4항에 따라 보건복지부장관이 계측하는 금액을 말한다.

⑧ **개별가구** : 이 법에 따른 급여를 받거나 이 법에 따른 자격요건에 부합하는지에 관한 조사를 받는 기본단위로서 수급자 또는 수급권자로 구성된 가구를 말한다. 이 경우 개별가구의 범위 등 구체적인 사항은 대통령령으로 정한다.

⑨ **소득인정액** : 보장기관이 급여의 결정 및 실시 등에 사용하기 위하여 산출한 개별가구의 소득평가액과 재산의 소득환산액을 합산한 금액을 말한다.

⑩ **차상위계층** : 수급권자(제14조의2에 따라 수급권자로 보는 사람은 제외한다)에 해당하지 아니하는 계층으로서 소득인정액이 대통령령으로 정하는 기준 이하인 계층을 말한다.

⑪ **기준 중위소득** : 보건복지부장관이 급여의 기준 등에 활용하기 위하여 제20조 제2항에 따른 중앙생활보장위원회의 심의·의결을 거쳐 고시하는 국민 가구소득의 중위값을 말한다.

③ 급여의 기본원칙〈법 제3조〉

① 이 법에 따른 급여는 수급자가 자신의 생활의 유지·향상을 위하여 그의 소득, 재산, 근로능력 등을 활용하여 최대한 노력하는 것을 전제로 이를 보충·발전시키는 것을 기본원칙으로 한다.

② 부양의무자의 부양과 다른 법령에 따른 보호는 이 법에 따른 급여에 우선하여 행하여지는 것으로 한다. 다만, 다른 법령에 따른 보호의 수준이 이 법에서 정하는 수준에 이르지 아니하는 경우에는 나머지 부분에 관하여 이 법에 따른 급여를 받을 권리를 잃지 아니한다.

④ 급여의 기준 등〈법 제4조〉

① 이 법에 따른 급여는 건강하고 문화적인 최저생활을 유지할 수 있는 것이어야 한다.

② 이 법에 따른 급여의 기준은 수급자의 연령, 가구 규모, 거주지역, 그 밖의 생활여건 등을 고려하여 급여의 종류별로 보건복지부장관이 정하거나 급여를 지급하는 중앙행정기관의 장(이하 "소관 중앙행정기관의 장"이라 한다)이 보건복지부장관과 협의하여 정한다.

③ 보장기관은 이 법에 따른 급여를 개별가구 단위로 실시하되, 특히 필요하다고 인정하는 경우에는 개인 단위로 실시할 수 있다.

④ 지방자치단체인 보장기관은 해당 지방자치단체의 조례로 정하는 바에 따라 이 법에 따른 급여의 범위 및 수준을 초과하여 급여를 실시할 수 있다. 이 경우 해당 보장기관은 보건복지부장관 및 소관 중앙행정기관의 장에게 알려야 한다.

5 **외국인에 대한 특례**〈법 제5조의2〉

국내에 체류하고 있는 외국인 중 대한민국 국민과 혼인하여 본인 또는 배우자가 임신 중이거나 대한민국 국적의 미성년 자녀를 양육하고 있거나 배우자의 대한민국 국적인 직계존속(直系尊屬)과 생계나 주거를 같이하고 있는 사람으로서 대통령령으로 정하는 사람이 이 법에 따른 급여를 받을 수 있는 자격을 가진 경우에는 수급권자가 된다.

※ **수급권자에 해당하는 외국인의 범위**〈시행령 제4조〉 ··· 법 제5조의2에 따라 수급권자가 될 수 있는
외국인은 「출입국관리법」 제31조에 따라 외국인 등록을 한 사람으로서 다음 각 호의 어느 하나에 해당
하는 사람으로 한다.
　1. 대한민국 국민과 혼인 중인 사람으로서 다음 각 목의 어느 하나에 해당하는 사람
　　가. 본인 또는 대한민국 국적의 배우자가 임신 중인 사람
　　나. 대한민국 국적의 미성년 자녀(계부자 · 계모자 관계와 양친자관계를 포함한다. 이하 이 조에서 같
　　　다)를 양육하고 있는 사람
　　다. 배우자의 대한민국 국적인 직계존속과 생계나 주거를 같이 하는 사람
　2. 대한민국 국민인 배우자와 이혼하거나 그 배우자가 사망한 사람으로서 대한민국 국적의 미성년 자
　　녀를 양육하고 있는 사람 또는 사망한 배우자의 태아를 임신하고 있는 사람

---

6 **최저보장수준의 결정 등**〈법 제6조〉

① 보건복지부장관 또는 소관 중앙행정기관의 장은 급여의 종류별 수급자 선정기준 및 최저보장수준을 결정하여야 한다.

② 보건복지부장관 또는 소관 중앙행정기관의 장은 매년 8월 1일까지 제20조 제2항에 따른 중앙생활보장위원회의 심의 · 의결을 거쳐 다음 연도의 급여의 종류별 수급자 선정기준 및 최저보장수준을 공표하여야 한다.

7 **기준 중위소득의 산정**〈법 제6조의2〉

① 기준 중위소득은 「통계법」 제27조에 따라 통계청이 공표하는 통계자료의 가구 경상소득(근로소득, 사업소득, 재산소득, 이전소득을 합산한 소득을 말한다)의 중간값에 최근 가구소득 평균 증가율, 가구규모에 따른 소득수준의 차이 등을 반영하여 가구규모별로 산정한다.

② 그 밖에 가구규모별 소득수준 반영 방법 등 기준 중위소득의 산정에 필요한 사항은 제20 조 제2항에 따른 중앙생활보장위원회에서 정한다.

8 소득인정액의 산정〈법 제6조의3〉

① 제2조 제9호에 따른 개별가구의 소득평가액은 개별가구의 실제소득에도 불구하고 보장기 관이 급여의 결정 및 실시 등에 사용하기 위하여 산출한 금액으로 다음 각 호의 소득을 합한 개별가구의 실제소득에서 장애·질병·양육 등 가구 특성에 따른 지출요인, 근로를 유 인하기 위한 요인, 그 밖에 추가적인 지출요인에 해당하는 금액을 감하여 산정한다.
 1. 근로소득
 2. 사업소득
 3. 재산소득
 4. 이전소득

② 제2조 제9호에 따른 재산의 소득환산액은 개별가구의 재산가액에서 기본재산액(기초생활 의 유지에 필요하다고 보건복지부장관이 정하여 고시하는 재산액을 말한다) 및 부채를 공 제한 금액에 소득환산율을 곱하여 산정한다. 이 경우 소득으로 환산하는 재산의 범위는 다 음 각 호와 같다.
 1. 일반재산(금융재산 및 자동차를 제외한 재산을 말한다)
 2. 금융재산
 3. 자동차

③ 실제소득, 소득평가액 및 재산의 소득환산액의 산정을 위한 구체적인 범위·기준 등은 대통 령령으로 정한다.

※ **소득의 범위**〈시행령 제5조〉
 ① 법 제6조의3 제1항 각 호 외의 부분에서 "실제소득"이란 다음 각 호의 소득을 합산한 금액을 말 한다.
  1. 근로소득 : 근로의 제공으로 얻는 소득. 다만, 「소득세법」에 따라 비과세되는 근로소득은 제외하 되, 다음 각 목의 급여는 근로소득에 포함한다.
   가. 「소득세법」 제12조 제3호 더목에 따라 비과세되는 급여
   나. 「소득세법 시행령」 제16조 제1항 제1호에 따라 비과세되는 급여

다. 「소득세법 시행령」 제12조제1호에 따라 비과세되는 급여 중 보건복지부장관이 정하는 금액 이상의 급여

2. 사업소득

　가. 농업소득 : 경종업(耕種業), 과수ㆍ원예업, 양잠업, 종묘업, 특수작물생산업, 가축사육업, 종축업(種畜業) 또는 부화업과 이에 부수하는 업무에서 얻는 소득

　나. 임업소득 : 영림업, 임산물생산업 또는 야생조수사육업과 이에 부수하는 업무에서 얻는 소득

　다. 어업소득 : 어업(양식업을 포함한다)과 이에 부수하는 업무에서 얻는 소득

　라. 기타사업소득: 도매업, 소매업, 제조업, 그 밖의 사업에서 얻는 소득

3. 재산소득

　가. 임대소득 : 부동산, 동산, 권리 또는 그 밖의 재산의 대여로 발생하는 소득

　나. 이자소득 : 예금ㆍ주식ㆍ채권의 이자와 배당 또는 할인에 의하여 발생하는 소득 중 보건복지부장관이 정하는 금액 이상의 소득

　다. 연금소득 : 「소득세법」 제20조의3 제1항 제2호 및 제3호에 따라 발생하는 연금 또는 소득과 「보험업법」 제4조 제1항 제1호 나목의 연금보험에 의하여 발생하는 소득

4. 이전소득[차상위계층에 속하는 사람(이하 "차상위자"라 한다)에 대해서는 생활여건 등을 고려하여 보건복지부장관이 정하여 고시하는 바에 따라 다음 각 목의 이전소득의 범위를 달리할 수 있다]

　가. 친족 또는 후원자 등으로부터 정기적으로 받는 금품 중 보건복지부장관이 정하는 금액 이상의 금품

　나. 제5조의6제1항제4호다목에 따라 보건복지부장관이 정하는 금액

　다. 「국민연금법」, 「기초연금법」, 「공무원연금법」, 「공무원 재해보상법」, 「군인연금법」, 「별정우체국법」, 「사립학교교직원 연금법」, 「고용보험법」, 「산업재해보상보험법」, 「국민연금과 직역연금의 연계에 관한 법률」, 「보훈보상대상자 지원에 관한 법률」, 「독립유공자예우에 관한 법률」, 「국가유공자 등 예우 및 지원에 관한 법률」, 「고엽제후유의증 등 환자지원 및 단체설립에 관한 법률」, 「자동차손해배상 보장법」, 「참전유공자 예우 및 단체설립에 관한 법률」「구직자 취업촉진 및 생활안정지원에 관한 법률」, 등에 따라 정기적으로 지급되는 각종 수당ㆍ연금ㆍ급여 또는 그 밖의 금품

② 제1항에도 불구하고 다음 각 호의 금품은 소득으로 보지 아니한다.

1. 퇴직금, 현상금, 보상금, 「조세특례제한법」 제100조의2에 따른 근로장려금 및 같은 법 제100조의27에 따른 자녀장려금 등 정기적으로 지급되는 것으로 볼 수 없는 금품

2. 보육ㆍ교육 또는 그 밖에 이와 유사한 성질의 서비스 이용을 전제로 받는 보육료, 학자금, 그 밖에 이와 유사한 금품

3. 법 제43조제5항에 따라 지방자치단체가 지급하는 금품으로서 보건복지부장관이 정하는 금품

③ 보장기관은 다음 각 호의 어느 하나에 해당하는 경우에는 개별가구의 생활실태 등을 조사하여 확인한 소득을 제1항 및 제2항에 따라 산정된 실제소득에 더할 수 있다. 이 경우 실제소득의 구체적인 확인 및 산정 기준은 보건복지부장관이 정한다.

1. 수급자 또는 수급권자의 소득 관련 자료가 없거나 불명확한 경우

2. 「최저임금법」 제5조에 따른 최저임금액 등을 고려할 때 소득 관련 자료의 신뢰성이 없다고 보장기관이 인정하는 경우

※ **재산의 범위**〈시행령 제5조의3 제1항〉

① 법 제6조의3 제2항 후단에 따른 소득으로 환산하는 재산의 범위는 다음 각 호의 재산으로 한다.

1. 일반재산(차상위자에 대해서는 생활여건 등을 고려하여 보건복지부장관이 정하여 고시하는 바에 따라 다음 각 목의 일반재산의 범위를 달리할 수 있다)

　가. 「지방세법」 제104조 제1호부터 제3호까지의 규정에 따른 토지, 건축물 및 주택. 다만, 종중 재산·마을공동재산, 그 밖에 이에 준하는 공동의 목적으로 사용하는 재산은 제외한다.

　나. 「지방세법」 제104조 제4호 및 제5호에 따른 항공기 및 선박

　다. 주택·상가 등에 대한 임차보증금(전세금을 포함한다)

　라. 100만 원 이상의 가축, 종묘(種苗) 등 동산(장애인 재활보조기구 등 보건복지부장관이 정하는 동산은 제외한다) 및 「지방세법」 제6조 제11호에 따른 입목

　마. 「지방세법」 제6조 제13호 및 제13호의2에 따른 어업권 및 양식업권

　바. 「지방세법」 제6조 제14호부터 제18호까지의 규정에 따른 회원권

　사. 「소득세법」 제89조 제2항에 따른 조합원입주권

　아. 건물이 완성되는 때에 그 건물과 이에 부수되는 토지를 취득할 수 있는 권리(사목에 따른 조합원입주권은 제외한다)

2. 금융재산

　가. 현금 및 「금융실명거래 및 비밀보장에 관한 법률」 제2조 제2호에 따른 금융자산

　나. 「보험업법」 제2조 제1호에 따른 보험상품

3. 「지방세법」 제124조에 따른 자동차. 다만, 장애인 사용 자동차 등 보건복지부장관이 정하여 고시하는 자동차는 제외한다.

4. 제1호부터 제3호까지의 규정에 해당하는 재산 중 다른 사람에게 처분한 재산. 다만, 재산을 처분한 금액이 이미 산정되었거나 다른 재산의 구입, 부채의 상환, 의료비의 지급 등 개별가구원을 위하여 소비한 사실이 입증된 경우는 제외한다.

1   「국민기초생활보장법」이 제정된 것은 언제인가?

① 1999년   ② 2000년
③ 2001년   ④ 2002년

> **NOTE** 「국민기초생활보장법」은 1999. 9. 7. 제정되어 2000. 10. 1. 처음으로 시행되었다.

2   다음은 「국민기초생활보장법」 제1조(목적)의 내용이다. 다음 빈칸에 들어갈 내용이 바르게 짝 지어진 것은?

> 이 법은 생활이 어려운 사람에게 필요한 급여를 실시하여 이들의 (   )을 보장하고 (   )을 돕는 것을 목적으로 한다.

① 최저생활, 자립
② 최저생활, 자활
② 문화생활, 자립
④ 문화생활, 자활

> **NOTE** 「이 법은 생활이 어려운 사람에게 필요한 급여를 실시하여 이들의 최저생활을 보장하고 자활을 돕는 것을 목적으로 한다〈「국민기초생활보장법」 제1조〉.

3 「국민기초생활보장법」에서 사용하는 용어의 뜻을 잘못 설명한 것은?

① 수급권자 – 이 법에 따른 급여를 받을 수 있는 자격을 가진 사람

② 수급자 – 이 법에 따른 급여를 받는 사람

③ 수급품 – 이 법에 따라 수급자에게 지급하거나 대여하는 물품(금전 제외)

④ 보장기관 – 이 법에 따른 급여를 실시하는 국가 또는 지방자치단체

> **NOTE** ③ 수급품이란 이 법에 따라 수급자에게 지급하거나 대여하는 금전 또는 물품을 말한다〈「국민기초생활보장법」 제2조(정의) 제3호〉.

4 다음은 「국민기초생활보장법」에 따른 부양의무자에 대한 정의이다. 빈칸에 공통으로 들어갈 숫자로 옳은 것은?

> "부양의무자"란 수급권자를 부양할 책임이 있는 사람으로서 수급권자의 (   )촌의 직계혈족 및 그 배우자를 말한다. 다만, 사망한 (   )촌의 직계혈족의 배우자는 제외한다.

① 0   ② 1

③ 2   ④ 3

> **NOTE** 부양의무자〈「국민기초생활보장법」 제2조(정의) 제5호〉 … 수급권자를 부양할 책임이 있는 사람으로서 수급권자의 1촌의 직계혈족 및 그 배우자를 말한다. 다만, 사망한 1촌의 직계혈족의 배우자는 제외한다.

---

5 다음은 「국민기초생활보장법」에 따른 최저보장수준에 대한 정의이다. 빈칸에 들어갈 수 있는 용어가 아닌 것은?

> "최저보장수준"이란 국민의 (   )·(   ) 수준과 수급권자의 가구 유형 등 (   ), (   ) 등을 고려하여 제6조에 따라 급여의 종류별로 공표하는 금액이나 보장수준을 말한다.

① 수입   ② 지출
③ 생활실태   ④ 물가상승률

> **NOTE** 최저보장수준〈「국민기초생활보장법」 제2조(정의) 제6호〉… 국민의 소득·지출 수준과 수급권자의 가구 유형 등 생활실태, 물가상승률 등을 고려하여 제6조(최저보장수준의 결정 등)에 따라 급여의 종류별로 공표하는 금액이나 보장수준을 말한다.

6 최저생계비란?

① 국민이 자율적이고 적극적인 생활을 유지하기 위하여 필요한 최저의 비용
② 국민이 활기차고 희망적인 생활을 유지하기 위하여 필요한 최소한의 비용
③ 국민이 건강하고 문화적인 생활을 유지하기 위하여 필요한 최소한의 비용
④ 국민이 사회·경제적인 생활을 유지하기 위하여 필요한 최저의 비용

> **NOTE** 최저생계비〈「국민기초생활보장법」 제2조(정의) 제7호〉… 국민이 건강하고 문화적인 생활을 유지하기 위하여 필요한 최소한의 비용으로서 제20조의2(기초생활보장 계획의 수립 및 평가) 제4항 (보건복지부장관은 수급권자, 수급자 및 차상위계층 등의 규모·생활실태 파악, 최저생계비 계측 등을 위하여 3년마다 실태조사를 실시·공표하여야 한다)에 따라 보건복지부장관이 계측하는 금액을 말한다.

7 「국민기초생활보장법」에 따른 급여를 받거나 이 법에 따른 자격요건에 부합하는지에 관한 조사를 받는 기본단위는?

① 개인   ② 기본가구
③ 단위가구   ④ 개별가구

8 다음 중 개별가구에서 제외하는 사람이 아닌 것은?

① 현역 군인 등 법률상 의무를 이행하기 위하여 다른 곳에서 거주하면서 의무 이행과 관련하여 생계를 보장받고 있는 사람
② 외국에 최근 6개월간 통산하여 120일을 초과하여 체류하고 있는 사람
③ 「국민기초생활보장법」에 따른 보장시설에서 급여를 받고 있는 사람
④ 실종선고 절차가 진행 중인 사람

Answer

5.① 6.③ 7.④ 8.②

9 소득인정액의 개념으로 옳은 것은?

① 개별가구의 소득평가액 + 재산의 소득환산액
② 개별가구의 소득평가액 + 재산의 평가액
③ 개별가구 세대주의 소득평가액 + 재산의 소득환산액
④ 개별가구 세대주의 소득평가액 + 재산의 평가액

> **NOTE** 소득인정액〈「국민기초생활보장법」 제2조(정의) 제9호〉 ··· 보장기관이 급여의 결정 및 실시 등에 사용하기 위하여 산출한 개별가구의 소득평가액과 재산의 소득환산액을 합산한 금액을 말한다.

10 다음 빈칸에 들어갈 내용으로 옳은 것은?

> 차상위계층이란 수급권자에 해당하지 아니하는 계층으로서 소득인정액이 기준 중위소득의 100분의 (   ) 이하인 계층을 말한다.

① 30   ② 40
③ 50   ④ 60

> **NOTE** 차상위계층〈「국민기초생활보장법」 제2조(정의) 제10호〉 ··· 수급권자(제14조의2에 따라 수급권자로 보는 사람은 제외한다)에 해당하지 아니하는 계층으로서 소득인정액이 대통령령으로 정하는 기준 이하인 계층을 말한다.
> ※ 「국민기초생활보장법 시행령」 제3조(차상위계층) ··· 법 제2조 제10호에서 "소득인정액이 대통령령으로 정하는 기준 이하인 계층"이란 소득인정액이 기준 중위소득의 100분의 50 이하인 사람을 말한다.

11 다음은 「국민기초생활보장법」에 따른 급여의 기본원칙이다. 빈칸에 들어갈 수 있는 내용이 아닌 것은?

> 이 법에 따른 급여는 수급자가 자신의 생활의 유지·향상을 위하여 그의 (   ), (   ), (   ) 등을 활용하여 최대한 노력하는 것을 전제로 이를 보충·발전시키는 것을 기본원칙으로 한다.

① 소득　　　　　　　　　　　　　　　② 재산

③ 인맥　　　　　　　　　　　　　　　④ 근로능력

> **NOTE** 급여의 기본원칙〈「국민기초생활보장법」제3조〉
> ① 이 법에 따른 급여는 수급자가 자신의 생활의 유지·향상을 위하여 그의 소득, 재산, 근로능력 등을 활용하여 최대한 노력하는 것을 전제로 이를 보충·발전시키는 것을 기본원칙으로 한다.
> ② 부양의무자의 부양과 다른 법령에 따른 보호는 이 법에 따른 급여에 우선하여 행하여지는 것으로 한다. 다만, 다른 법령에 따른 보호의 수준이 이 법에서 정하는 수준에 이르지 아니하는 경우에는 나머지 부분에 관하여 이 법에 따른 급여를 받을 권리를 잃지 아니한다.

12 급여의 기준에 따른 설명으로 옳지 않은 것은?

① 급여는 건강하고 문화적인 최저생활을 유지할 수 있는 것이어야 한다.

② 급여의 기준은 수급자의 연령, 가구 규모, 거주지역, 그 밖의 생활여건 등을 고려하여야 한다.

③ 보장기관은 이 법에 따른 급여를 개인 단위로 실시하되, 특히 필요하다고 인정하는 경우에는 개별가구 단위로 실시할 수 있다.

④ 지방자치단체인 보장기관이 급여의 범위 및 수준을 초과하여 급여를 실시할 경우, 해당 보장기관은 보건복지부장관 및 소관 중앙행정기관의 장에게 알려야 한다.

> **NOTE** 급여의 기준 등〈「국민기초생활보장법」제4조〉
> ① 이 법에 따른 급여는 건강하고 문화적인 최저생활을 유지할 수 있는 것이어야 한다.
> ② 이 법에 따른 급여의 기준은 수급자의 연령, 가구 규모, 거주지역, 그 밖의 생활여건 등을 고려하여 급여의 종류별로 보건복지부장관이 정하거나 급여를 지급하는 중앙행정기관의 장(이하 "소관 중앙행정기관의 장"이라 한다)이 보건복지부장관과 협의하여 정한다.
> ③ 보장기관은 이 법에 따른 급여를 개별가구 단위로 실시하되, 특히 필요하다고 인정하는 경우에는 개인 단위로 실시할 수 있다.
> ④ 지방자치단체인 보장기관은 해당 지방자치단체의 조례로 정하는 바에 따라 이 법에 따른 급여의 범위 및 수준을 초과하여 급여를 실시할 수 있다. 이 경우 해당 보장기관은 보건복지부장관 및 소관 중앙행정기관의 장에게 알려야 한다.

○ **Answer** ○
9.① 10.③ 11.③ 12.③

13 「국민기초생활보장법」제5조의2(외국인에 대한 특례)에 따라 수급권자가 될 수 없는 외국인은? (단, 외국인 등록을 한 사람으로 전제한다)

① 대한민국 국민과 혼인 중인 사람으로서 본인 또는 대한민국 국적의 배우자가 임신 중인 사람

② 대한민국 국민과 혼인 중인 사람으로서 성년 자녀를 양육하고 있는 사람

③ 대한민국 국민과 혼인 중인 사람으로서 배우자의 대한민국 국적인 직계존속과 생계나 주거를 같이 하는 사람

④ 대한민국 국민인 배우자와 이혼하거나 그 배우자가 사망한 사람으로서 대한민국 국적의 미성년 자녀를 양육하고 있는 사람 또는 사망한 배우자의 태아를 임신하고 있는 사람

> **NOTE** 수급권자에 해당하는 외국인의 범위〈「국민기초생활보장법 시행령」제4조〉… 법 제5조의2에 따라 수급권자가 될 수 있는 외국인은 「출입국관리법」제31조에 따라 외국인 등록을 한 사람으로서 다음 각 호의 어느 하나에 해당하는 사람으로 한다.
> 1. 대한민국 국민과 혼인 중인 사람으로서 다음 각 목의 어느 하나에 해당하는 사람
>   가. 본인 또는 대한민국 국적의 배우자가 임신 중인 사람
>   나. 대한민국 국적의 미성년 자녀(계부자·계모자 관계와 양친자관계를 포함한다)를 양육하고 있는 사람
>   다. 배우자의 대한민국 국적인 직계존속과 생계나 주거를 같이 하는 사람
> 2. 대한민국 국민인 배우자와 이혼하거나 그 배우자가 사망한 사람으로서 대한민국 국적의 미성년 자녀를 양육하고 있는 사람 또는 사망한 배우자의 태아를 임신하고 있는 사람
> ※「국민기초생활보장법」제5조의2(외국인에 대한 특례) … 국내에 체류하고 있는 외국인 중 대한민국 국민과 혼인하여 본인 또는 배우자가 임신 중이거나 대한민국 국적의 미성년 자녀를 양육하고 있거나 배우자의 대한민국 국적인 직계존속(直系尊屬)과 생계나 주거를 같이하고 있는 사람으로서 대통령령으로 정하는 사람이 이 법에 따른 급여를 받을 수 있는 자격을 가진 경우에는 수급권자가 된다.

14 보건복지부장관 또는 소관 중앙행정기관의 장이 중앙생활보장위원회의 심의·의결을 거쳐 다음 연도의 급여의 종류별 수급자 선정기준 및 최저보장수준을 공표하여야 하는 기한은?

① 6월 1일 ② 8월 1일
③ 10월 1일 ④ 12월 1일

> **NOTE** 보건복지부장관 또는 소관 중앙행정기관의 장은 매년 8월 1일까지 제20조 제2항에 따른 중앙생활보장위원회의 심의·의결을 거쳐 다음 연도의 급여의 종류별 수급자 선정기준 및 최저보장수준을 공표하여야 한다〈「국민기초생활보장법」제6조(최저보장수준의 결정 등) 제2항〉.

15 기준 중위소득은 「통계법」에 따라 통계청이 공표하는 통계자료의 가구 경상소득의 중간값에 최근 가구소득 평균 증가율, 가구규모에 따른 소득수준의 차이 등을 반영하여 가구규모별로 산정한다. 이때 가구 경상소득에 포함되는 항목이 아닌 것은?

① 근로소득   ② 사업소득

③ 재산소득   ④ 무료임차소득

> **NOTE** 기준 중위소득의 산정〈「국민기초생활보장법」 제6조의2 제1항〉… 기준 중위소득은 「통계법」 제27조에 따라 통계청이 공표하는 통계자료의 가구 경상소득(근로소득, 사업소득, 재산소득, 이전소득을 합산한 소득을 말한다)의 중간값에 최근 가구소득 평균 증가율, 가구규모에 따른 소득수준의 차이 등을 반영하여 가구규모별로 산정한다.

16 친족 또는 후원자 등으로부터 정기적으로 받는 금품 중 보건복지부장관이 정하는 금액 이상의 금품은 다음 중 어디에 해당하는가?

① 근로소득   ② 사업소득

② 재산소득   ④ 이전소득

> **NOTE** 이전소득〈「국민기초생활보장법」 시행령 제5조(소득의 범위) 제1항 제4호〉
> 가. 친족 또는 후원자 등으로부터 정기적으로 받는 금품 중 보건복지부장관이 정하는 금액 이상의 금품
> 나. 제5조의6 제1항 제4호 다목에 따라 보건복지부장관이 정하는 금액
> 다. 「국민연금법」, 「기초연금법」, 「공무원연금법」, 「공무원 재해보상법」, 「군인연금법」, 「별정우체국법」, 「사립학교교직원 연금법」, 「고용보험법」, 「산업재해보상보험법」, 「국민연금과 직역연금의 연계에 관한 법률」, 「보훈보상대상자 지원에 관한 법률」, 「독립유공자예우에 관한 법률」, 「국가유공자 등 예우 및 지원에 관한 법률」, 「고엽제후유의증 등 환자지원 및 단체설립에 관한 법률」, 「자동차손해배상 보장법」, 「참전유공자 예우 및 단체설립에 관한 법률」, 「구직자 취업촉진 및 생활안정지원에 관한 법률」 등에 따라 정기적으로 지급되는 각종 수당·연금·급여 또는 그 밖의 금품
> ※ 단, 차상위계층에 속하는 사람에 대해서는 생활여건 등을 고려하여 보건복지부장관이 정하여 고시하는 바에 따라 위 각 목의 이전소득의 범위를 달리할 수 있다.

○ **Answer** ○

13.② 14.② 15.④ 16.④

17 다음 중 소득의 성격이 가장 다른 하나는?

① 농업소득　　　　　　　　　　② 임대소득

③ 이자소득　　　　　　　　　　④ 연금소득

> **NOTE** ① 농업소득은 사업소득에 해당하며, ②③④는 재산소득에 해당한다〈「국민기초생활보장법」 시행령 제5조(소득의 범위) 제1항 제1호, 제2호 참고〉.

18 다음 중 소득으로 보지 않는 금품은?

① 어업에 부수하는 업무를 통해 얻은 금품

② 권리의 대여로 발생하는 금품

③ 「군인연금법」에 따라 정기적으로 지급되는 금품

④ 보육 서비스 이용을 전제로 받은 금품

> **NOTE** 소득으로 보지 않는 금품〈「국민기초생활보장법 시행령」 제5조(소득의 범위) 제2항〉
> 1. 퇴직금, 현상금, 보상금, 「조세특례제한법」 제100조의2에 따른 근로장려금 및 같은 법 제100조의27에 따른 자녀장려금 등 정기적으로 지급되는 것으로 볼 수 없는 금품
> 2. 보육·교육 또는 그 밖에 이와 유사한 성질의 서비스 이용을 전제로 받는 보육료, 학자금, 그 밖에 이와 유사한 금품
> 3. 법 제43조 제5항에 따라 지방자치단체가 지급하는 금품으로서 보건복지부장관이 정하는 금품

19 소득평가액을 산정할 때 실제 소득에서 차감하는 금액에 해당하지 않는 것은?

① 「장애인복지법」에 따른 장애수당

② 「한부모가족지원법」에 따른 아동 양육비

③ 급성질환의 치료로 일시적으로 지출하는 의료비

④ 노인이 근로의 제공으로 얻는 소득의 100분의 30에 해당하는 금액

NOTE 소득평가액의 범위 및 산정기준〈「국민기초생활보장법 시행령」 제5조의2〉… 법 제6조의3 제1항에 따른 소득평가액은 제5조에 따른 실제소득에서 제1호부터 제12호까지에 해당하는 금액을 뺀 금액으로 한다.

1. 「장애인연금법」 제6조에 따른 기초급여액 및 같은 법 제7조에 따른 부가급여액
2. 「장애인복지법」 제49조에 따른 장애수당, 같은 법 제50조에 따른 장애아동수당과 보호수당
3. 「한부모가족지원법」 제12조 제1항 제4호에 따른 아동양육비
4. 「고엽제후유의증 등 환자지원 및 단체설립에 관한 법률」 제7조의3 제1항에 따른 수당(제1호에 따른 기초급여액 및 부가급여액에 해당하는 금액에 한정한다)
5. 「독립유공자예우에 관한 법률」 제14조, 「국가유공자 등 예우 및 지원에 관한 법률」 제14조 및 「보훈보상대상자 지원에 관한 법률」 제13조에 따른 생활조정수당
6. 「참전유공자 예우 및 단체설립에 관한 법률」 제6조에 따른 참전명예수당 중 법 제2조 제11호에 따라 보건복지부장관이 고시하는 1인 가구 기준 중위소득의 100분의 20 이하에 해당하는 금액
7. 만성질환 등의 치료·요양·재활로 인하여 지속적으로 지출하는 의료비
8. 장애인이 다음 각 목의 시설에서 실시하는 직업재활사업에 참가하여 받은 소득의 100분의 50에 해당하는 금액
   가. 「장애인복지법」 제58조에 따른 장애인복지시설 중 장애인 지역사회재활시설(장애인복지관만 해당한다) 및 장애인 직업재활시설
   나. 「정신건강증진 및 정신질환자 복지서비스 지원에 관한 법률」 제27조 제1항 제2호에 따른 재활훈련시설(주간재활시설만 해당한다)
9. 수급자가 다음 각 목의 어느 하나에 해당하는 사업에 참가하여 받은 소득의 100분의 30에 해당하는 금액
   가. 법 제18조 제1항에 따른 자활기업이 실시하는 사업
   나. 제20조 제1항에 따른 자활근로의 대상사업 중 보건복지부장관이 정하는 사업
10. 학생·장애인·노인 및 18세 이상 24세 이하인 사람이 얻은 제5조 제1항 제1호 및 제2호에 따른 소득의 100분의 30에 해당하는 금액
11. 제8호부터 제10호까지의 규정에 해당하지 않는 소득으로서 제5조 제1항 제1호 및 제2호에 따른 소득에 100분의 30의 범위에서 보건복지부장관이 정하는 비율을 곱한 금액
12. 그 밖에 개별가구 특성에 따라 추가적인 지출이 필요하다고 인정되어 보건복지부장관이 정하는 금품의 금액

20 소득으로 환산하는 재산 중 그 성격이 가장 다른 하나는?

① 양식업권
② 임차보증금
③ 조합원입주권
④ 보험상품

NOTE ①②③은 일반재산에, ④는 금융재산에 해당한다.

※ 소득으로 환산하는 재산의 범위〈「국민기초생활보장법 시행령」 제5조의3 제1항〉

1. 일반재산(차상위자에 대해서는 생활여건 등을 고려하여 보건복지부장관이 정하여 고시하는 바에 따라 다음 각 목의 일반재산의 범위를 달리할 수 있다)

   가. 「지방세법」 제104조 제1호부터 제3호까지의 규정에 따른 토지, 건축물 및 주택. 다만, 종중재산·마을공동재산, 그 밖에 이에 준하는 공동의 목적으로 사용하는 재산은 제외한다.

   나. 「지방세법」 제104조 제4호 및 제5호에 따른 항공기 및 선박

   다. 주택·상가 등에 대한 임차보증금(전세금을 포함한다)

   라. 100만원 이상의 가축, 종묘(種苗) 등 동산(장애인 재활보조기구 등 보건복지부장관이 정하는 동산은 제외한다) 및 「지방세법」 제6조 제11호에 따른 입목

   마. 「지방세법」 제6조제13호 및 제13호의2에 따른 어업권 및 양식업권

   바. 「지방세법」 제6조 제14호부터 제18호까지의 규정에 따른 회원권

   사. 「소득세법」 제89조 제2항에 따른 조합원입주권

   아. 건물이 완성되는 때에 그 건물과 이에 부수되는 토지를 취득할 수 있는 권리(사목에 따른 조합원입주권은 제외한다)

2. 금융재산

   가. 현금 및 「금융실명거래 및 비밀보장에 관한 법률」 제2조 제2호에 따른 금융자산

   나. 「보험업법」 제2조 제1호에 따른 보험상품

3. 「지방세법」 제124조에 따른 자동차. 다만, 장애인 사용 자동차 등 보건복지부장관이 정하여 고시하는 자동차는 제외한다.

4. 제1호부터 제3호까지의 규정에 해당하는 재산 중 다른 사람에게 처분한 재산. 다만, 재산을 처분한 금액이 이미 산정되었거나 다른 재산의 구입, 부채의 상환, 의료비의 지급 등 개별 가구원을 위하여 소비한 사실이 입증된 경우는 제외한다.

○ **Answer** ○
20.④

시험에 2회 이상 출제된 **필수암기노트** ☆

02 급여의 종류와 방법

① 급여의 종류〈법 제7조〉

① 이 법에 따른 급여의 종류는 다음 각 호와 같다.
  1. 생계급여
  2. 주거급여
  3. 의료급여
  4. 교육급여
  5. 해산급여(解産給與)
  6. 장제급여(葬祭給與)
  7. 자활급여

② 수급권자에 대한 급여는 수급자의 필요에 따라 제1항 제1호부터 제7호까지의 급여의 전부 또는 일부를 실시하는 것으로 한다.

③ 차상위계층에 속하는 사람(이하 "차상위자"라 한다)에 대한 급여는 보장기관이 차상위자의 가구별 생활여건을 고려하여 예산의 범위에서 제1항 제2호부터 제4호까지, 제6호 및 제7호에 따른 급여의 전부 또는 일부를 실시할 수 있다. 이 경우 차상위자에 대한 급여의 기준 및 절차 등에 관하여 필요한 사항은 대통령령으로 정한다.

※ **차상위자에 대한 급여의 기준 등**〈시행령 제5조의5〉
  ① 법 제7조 제3항에 따라 차상위자에게 지급하는 급여는 자활급여로 한다.
  ② 제1항에 따른 자활급여는 차상위자의 근로능력, 취업상태 및 가구 여건 등을 고려하여 제17조부터 제21조까지 및 제21조의2에 따른 급여를 실시하는 것으로 한다.
  ③ 제2항에 따른 자활급여의 신청 및 지급 절차 등에 관하여 필요한 사항은 보건복지부령으로 정한다.

---

2 **생계급여의 내용 등〈법 제8조〉**

① 생계급여는 수급자에게 의복, 음식물 및 연료비와 그 밖에 일상생활에 기본적으로 필요한 금품을 지급하여 그 생계를 유지하게 하는 것으로 한다.

② 생계급여 수급권자는 부양의무자가 없거나, 부양의무자가 있어도 부양능력이 없거나 부양을 받을 수 없는 사람으로서 그 소득인정액이 제20조 제2항에 따른 중앙생활보장위원회의 심의·의결을 거쳐 결정하는 금액 이하인 사람으로 한다. 이 경우 생계급여 선정기준은 기준 중위소득의 100분의 30 이상으로 한다.

③ 생계급여 최저보장수준은 생계급여와 소득인정액을 포함하여 생계급여 선정기준 이상이 되도록 하여야 한다.

④ 제2항 및 제3항에도 불구하고 제10조제1항 단서에 따라 제32조에 따른 보장시설에 위탁하여 생계급여를 실시하는 경우에는 보건복지부장관이 정하는 고시에 따라 그 선정기준 등을 달리 정할 수 있다.

3 **부양능력 등〈법 제8조의2〉**

① 부양의무자가 다음 각 호의 어느 하나에 해당하는 경우에는 제8조 제2항, 제12조 제3항, 제12조의3 제2항에 따른 부양능력이 없는 것으로 본다.

  1. 기준 중위소득 수준을 고려하여 대통령령으로 정하는 소득·재산 기준 미만인 경우

  2. 직계존속 또는 「장애인연금법」 제2조 제1호의 중증장애인인 직계비속을 자신의 주거에서 부양하는 경우로서 보건복지부장관이 정하여 고시하는 경우

  3. 그 밖에 질병, 교육, 가구 특성 등으로 부양능력이 없다고 보건복지부장관이 정하는 경우

② 부양의무자가 다음 각 호의 어느 하나에 해당하는 경우에는 제8조 제2항, 제12조 제3항, 제12조의3 제2항에 따른 부양을 받을 수 없는 것으로 본다.

  1. 부양의무자가 「병역법」에 따라 징집되거나 소집된 경우

  2. 부양의무자가 「해외이주법」 제2조의 해외이주자에 해당하는 경우

  3. 부양의무자가 「형의 집행 및 수용자의 처우에 관한 법률」 및 「치료감호법」 등에 따른 교도소, 구치소, 치료감호시설 등에 수용 중인 경우

4. 부양의무자에 대하여 실종선고 절차가 진행 중인 경우

5. 부양의무자가 제32조의 보장시설에서 급여를 받고 있는 경우

6. 부양의무자의 가출 또는 행방불명으로 경찰서 등 행정관청에 신고된 후 1개월이 지났거나 가출 또는 행방불명 사실을 특별자치시장·특별자치도지사·시장·군수·구청장(자치구의 구청장을 말한다. 이하 "시장·군수·구청장"이라 한다)이 확인한 경우

7. 부양의무자가 부양을 기피하거나 거부하는 경우

8. 그 밖에 부양을 받을 수 없는 것으로 보건복지부장관이 정하는 경우

③ 「아동복지법」 제15조 제1항 제2호부터 제4호까지(제2호의 경우 친권자인 보호자는 제외한다)에 따라 부양 대상 아동이 보호조치된 경우에는 제8조 제2항, 제12조 제3항, 제12조의3 제2항에 따른 부양을 받을 수 없는 것으로 본다.

④ 생계급여의 방법〈법 제9조〉

① 생계급여는 금전을 지급하는 것으로 한다. 다만, 금전으로 지급할 수 없거나 금전으로 지급하는 것이 적당하지 아니하다고 인정하는 경우에는 물품을 지급할 수 있다.

② 제1항의 수급품은 대통령령으로 정하는 바에 따라 매월 정기적으로 지급하여야 한다. 다만, 특별한 사정이 있는 경우에는 그 지급방법을 다르게 정하여 지급할 수 있다.

③ 제1항의 수급품은 수급자에게 직접 지급한다. 다만, 제10조 제1항 단서에 따라 제32조에 따른 보장시설이나 타인의 가정에 위탁하여 생계급여를 실시하는 경우에는 그 위탁받은 사람에게 이를 지급할 수 있다. 이 경우 보장기관은 보건복지부장관이 정하는 바에 따라 정기적으로 수급자의 수급 여부를 확인하여야 한다.

④ 생계급여는 보건복지부장관이 정하는 바에 따라 수급자의 소득인정액 등을 고려하여 차등 지급할 수 있다.

⑤ 보장기관은 대통령령으로 정하는 바에 따라 근로능력이 있는 수급자에게 자활에 필요한 사업에 참가할 것을 조건으로 하여 생계급여를 실시할 수 있다. 이 경우 보장기관은 제28조에 따른 자활지원계획을 고려하여 조건을 제시하여야 한다.

※ **근로능력이 있는 수급자**〈시행령 제7조 제1항〉

① 법 제9조 제5항 전단에 따른 근로능력이 있는 수급자는 18세 이상 64세 이하의 수급자로 한다. 다만, 다음 각 호의 어느 하나에 해당하는 사람은 제외한다.

1. 「장애인고용촉진 및 직업재활법」 제2조 제2호에 따른 중증장애인
2. 질병, 부상 또는 그 후유증으로 치료나 요양이 필요한 사람 중에서 근로능력평가를 통하여 시장·군수·구청장이 근로능력이 없다고 판정한 사람
5. 그 밖에 근로가 곤란하다고 보건복지부장관이 정하는 사람

※ **조건부수급자**〈시행령 제8조〉

① 법 제9조제5항에 따라 자활에 필요한 사업(이하 "자활사업"이라 한다)에 참가할 것을 조건으로 부과하여 생계급여를 지급받는 사람(이하 "조건부수급자"라 한다)은 제7조에 따른 근로능력이 있는 수급자로 한다.

② 제1항에도 불구하고 시장·군수·구청장은 제7조에 따른 근로능력이 있는 수급자 중 다음 각 호의 어느 하나에 해당하는 사람에게는 제1항에 따른 조건 부과를 유예할 수 있다. 다만, 제3호에 해당하는 사람의 경우에는 그 유예기간을 3개월로 한정한다. 〈개정 2016. 11. 29.〉

1. 개별가구 또는 개인의 여건 등으로 자활사업에 참가하기가 곤란한 다음 각 목의 어느 하나에 해당하는 사람
   가. 미취학 자녀, 질병·부상 또는 장애 등으로 거동이 곤란한 가구원이나 치매 등으로 특히 보호가 필요한 가구원을 양육·간병 또는 보호하는 수급자(가구별로 1명으로 한정하되, 양육·간병 또는 보호를 할 수 있는 다른 가구원이 있거나 사회복지시설 등에서 보육·간병 또는 보호서비스를 제공받는 경우는 제외한다)
   나. 「고등교육법」 제2조 각 호(제5호는 제외한다)에 따른 학교에 재학 중인 사람
   다. 「장애인고용촉진 및 직업재활법」 제9조에 따른 장애인 직업재활 실시 기관 및 같은 법 제43조에 따른 한국장애인고용공단이 실시하는 고용촉진 및 직업재활 사업에 참가하고 있는 장애인
   라. 임신 중이거나 분만 후 6개월 미만인 여자
   마. 사회복무요원 등 법률상 의무를 이행 중인 사람
2. 근로 또는 사업에 종사하는 대가로 보건복지부장관이 정하여 고시하는 기준을 초과하는 소득을 얻고 있는 사람으로서 다음 각 목의 어느 하나에 해당하는 사람
   가. 주당 평균 3일(1일 6시간 이상 근로에 종사하는 경우만 해당한다) 이상 근로에 종사하거나 주당 평균 4일 이상의 기간 동안 22시간 이상 근로에 종사하는 사람
   나. 「부가가치세법」 제8조에 따라 사업자등록을 하고 그 사업에 종사하고 있는 사람
3. 환경 변화로 적응기간이 필요하다고 인정되는 다음 각 목의 어느 하나에 해당하는 사람
   가. 「병역법」에 따른 입영예정자 또는 전역자
   나. 「형의 집행 및 수용자의 처우에 관한 법률」 및 「치료감호 등에 관한 법률」 등에 따른 교도소, 구치소, 치료감호시설 등에서 출소한 사람
   다. 법 제32조에 따른 보장시설에서 퇴소한 사람

라. 「초·중등교육법」 제2조제3호부터 제5호까지의 규정에 따른 학교 또는 「고등교육법」 제2조 각 호(제5호는 제외한다)에 따른 학교의 졸업자

마. 질병·부상 등으로 2개월 이상 치료를 받고 회복 중인 사람

4. 그 밖에 자활사업에 참가할 것을 조건으로 하여 생계급여를 지급하는 것이 곤란하다고 보건복지부장관이 정하는 사람

③ 제2항에 따라 조건 부과를 유예받은 사람은 그 유예기간 동안 조건부수급자로 보지 아니한다.

5 생계급여를 실시할 장소〈법 제10조〉

① 생계급여는 수급자의 주거에서 실시한다. 다만, 수급자가 주거가 없거나 주거가 있어도 그 곳에서는 급여의 목적을 달성할 수 없는 경우 또는 수급자가 희망하는 경우에는 수급자를 제32조에 따른 보장시설이나 타인의 가정에 위탁하여 급여를 실시할 수 있다.

② 제1항에 따라 수급자에 대한 생계급여를 타인의 가정에 위탁하여 실시하는 경우에는 거실의 임차료와 그 밖에 거실의 유지에 필요한 비용은 수급품에 가산하여 지급한다. 이 경우 제7조 제1항 제2호의 주거급여가 실시된 것으로 본다.

6 주거급여〈법 제11조〉

① 주거급여는 수급자에게 주거 안정에 필요한 임차료, 수선유지비, 그 밖의 수급품을 지급하는 것으로 한다.

② 주거급여에 관하여 필요한 사항은 따로 법률에서 정한다.

7 교육급여〈법 제12조〉

① 교육급여는 수급자에게 입학금, 수업료, 학용품비, 그 밖의 수급품을 지급하는 것으로 하되, 학교의 종류·범위 등에 관하여 필요한 사항은 대통령령으로 정한다.

② 교육급여는 교육부장관의 소관으로 한다.

③ 교육급여 수급권자는 부양의무자가 없거나, 부양의무자가 있어도 부양능력이 없거나 부양을 받을 수 없는 사람으로서 그 소득인정액이 제20조 제2항에 따른 중앙생활보장위원회의 심의·의결을 거쳐 결정하는 금액(이하 "교육급여 선정기준"이라 한다) 이하인 사람으로 한다. 이 경우 교육급여 선정기준은 기준 중위소득의 100분의 50 이상으로 한다.

④ 교육급여의 신청 및 지급 등에 대하여는 「초·중등교육법」 제60조의4부터 제60조의9까지 및 제62조 제3항에 따른 교육비 지원절차를 준용한다.

⑧ 의료급여〈법 제12조의3〉

① 의료급여는 수급자에게 건강한 생활을 유지하는 데 필요한 각종 검사 및 치료 등을 지급하는 것으로 한다.

② 의료급여 수급권자는 부양의무자가 없거나, 부양의무자가 있어도 부양능력이 없거나 부양을 받을 수 없는 사람으로서 그 소득인정액이 제20조제2항에 따른 중앙생활보장위원회의 심의·의결을 거쳐 결정하는 금액(이하 이 항에서 "의료급여 선정기준"이라 한다) 이하인 사람으로 한다. 이 경우 의료급여 선정기준은 기준 중위소득의 100분의 40 이상으로 한다.

③ 의료급여에 필요한 사항은 따로 법률에서 정한다.

⑨ 해산급여〈법 제13조〉

① 해산급여는 제7조 제1항 제1호부터 제3호까지의 급여 중 하나 이상의 급여를 받는 수급자에게 다음 각 호의 급여를 실시하는 것으로 한다.
   1. 조산(助産)
   2. 분만 전과 분만 후에 필요한 조치와 보호

② 해산급여는 보건복지부령으로 정하는 바에 따라 보장기관이 지정하는 의료기관에 위탁하여 실시할 수 있다.

③ 해산급여에 필요한 수급품은 보건복지부령으로 정하는 바에 따라 수급자나 그 세대주 또는 세대주에 준하는 사람에게 지급한다. 다만, 제2항에 따라 그 급여를 의료기관에 위탁하는 경우에는 수급품을 그 의료기관에 지급할 수 있다.

⑩ 장제급여〈법 제14조〉

① 장제급여는 제7조 제1항 제1호부터 제3호까지의 급여 중 하나 이상의 급여를 받는 수급자가 사망한 경우 사체의 검안(檢案) · 운반 · 화장 또는 매장, 그 밖의 장제조치를 하는 것으로 한다.

② 장제급여는 보건복지부령으로 정하는 바에 따라 실제로 장제를 실시하는 사람에게 장제에 필요한 비용을 지급하는 것으로 한다. 다만, 그 비용을 지급할 수 없거나 비용을 지급하는 것이 적당하지 아니하다고 인정하는 경우에는 물품을 지급할 수 있다.

⑪ 자활급여〈법 제15조〉

① 자활급여는 수급자의 자활을 돕기 위하여 다음 각 호의 급여를 실시하는 것으로 한다.
   1. 자활에 필요한 금품의 지급 또는 대여
   2. 자활에 필요한 근로능력의 향상 및 기능습득의 지원
   3. 취업알선 등 정보의 제공
   4. 자활을 위한 근로기회의 제공
   5. 자활에 필요한 시설 및 장비의 대여
   6. 창업교육, 기능훈련 및 기술 · 경영 지도 등 창업지원
   7. 자활에 필요한 자산형성 지원
   8. 그 밖에 대통령령으로 정하는 자활을 위한 각종 지원

② 제1항의 자활급여는 관련 공공기관 · 비영리법인 · 시설과 그 밖에 대통령령으로 정하는 기관에 위탁하여 실시할 수 있다. 이 경우 그에 드는 비용은 보장기관이 부담한다.

※ **자활급여의 위탁**〈시행령 제21조의3〉… 법 제15조 제2항 전단에서 "대통령령으로 정하는 기관"이란 다음 각 호의 기관을 말한다.

　1. 금융회사 등으로서 보건복지부장관이 정하는 기관

　2. 법 제15조 제1항 제4호에 따라 수급자 및 차상위자를 인턴사원으로 채용하는 사업자

　3. 자활사업 수행 실적 등을 고려하여 자활급여 수행능력이 있다고 보건복지부장관이 인정하는 기관

급여의 종류와 방법

1 「국민기초생활보장법」에 따른 급여의 종류가 아닌 것은?

① 생계급여

② 의료급여

③ 자활급여

④ 이주급여

> **NOTE** 급여의 종류〈「국민기초생활보장법」 제7조 제1항〉… 이 법에 따른 급여의 종류는 다음 각 호와 같다.
> 1. 생계급여
> 2. 주거급여
> 3. 의료급여
> 4. 교육급여
> 5. 해산급여(解産給與)
> 6. 장제급여(葬祭給與)
> 7. 자활급여

2 다음 중 차상위계층에 속하는 사람에 대해 보장기관이 차상위자의 가구별 생활여건을 고려하여 예산의 범위에서 전부 또는 일부를 실시할 수 있는 급여가 아닌 것은?

① 의료급여

② 교육급여

③ 해산급여

④ 자활급여

> **NOTE** 차상위계층에 속하는 사람에 대한 급여는 보장기관이 차상위자의 가구별 생활여건을 고려하여 예산의 범위에서 제1항 제2호부터 제4호까지(주거급여, 의료급여, 교육급여), 제6호(장제급여) 및 제7호(자활급여)에 따른 급여의 전부 또는 일부를 실시할 수 있다 이 경우 차상위자에 대한 급여의 기준 및 절차 등에 관하여 필요한 사항은 대통령령으로 정한다〈「국민기초생활보장법」 제7조 제3항 전단〉.

○ **Answer** ○
1.④ 2.③

3 생계급여를 통해 지급하는 금품으로 볼 수 없는 것은?

① 의복   ② 학용품비
③ 음식물   ④ 연료비

> **NOTE** 생계급여는 수급자에게 의복, 음식물 및 연료비와 그 밖에 일상생활에 기본적으로 필요한 금품을 지급하여 그 생계를 유지하게 하는 것으로 한다〈「국민기초생활보장법」 제8조(생계급여의 내용) 제1항〉.
> ② 학용품비는 교육비에 해당한다. 제12조(교육급여)

4 생계급여 수급권자는 부양의무자가 없거나, 부양의무자가 있어도 부양능력이 없거나 부양을 받을 수 없는 사람으로서 그 소득인정액이 중앙생활보장위원회의 심의·의결을 거쳐 결정하는 금액 이하인 사람으로 한다. 이때 부양의무자가 있어도 부양을 받을 수 없는 사람에 해당하지 않는 것은?

① 부양의무자가 「병역법」에 따라 징집된 경우
② 부양의무자가 「해외이주법」에 따른 해외이주자에 해당하는 경우
③ 부양의무자에 대하여 실종선고 절차를 시작하려는 경우
④ 부양의무자가 부양을 기피하거나 거부하는 경우

> **NOTE** 부양의무자가 다음 각 호의 어느 하나에 해당하는 경우에는 제8조(생계급여의 내용 등) 제2항, 제12조(교육급여) 제3항, 제12조의3(의료급여) 제2항에 따른 부양을 받을 수 없는 것으로 본다.〈「국민기초생황보장법」 제8조의2(부양능력 등)〉
> 1. 부양의무자가 「병역법」에 따라 징집되거나 소집된 경우
> 2. 부양의무자가 「해외이주법」 제2조의 해외이주자에 해당하는 경우
> 3. 부양의무자가 「형의 집행 및 수용자의 처우에 관한 법률」 및 「치료감호법」 등에 따른 교도소, 구치소, 치료감호시설 등에 수용 중인 경우
> 4. 부양의무자에 대하여 실종선고 절차가 진행 중인 경우
> 5. 부양의무자가 제32조의 보장시설에서 급여를 받고 있는 경우
> 6. 부양의무자의 가출 또는 행방불명으로 경찰서 등 행정관청에 신고된 후 1개월이 지났거나 가출 또는 행방불명 사실을 특별자치시장·특별자치도지사·시장·군수·구청장(자치구의 구청장을 말한다)이 확인한 경우
> 7. 부양의무자가 부양을 기피하거나 거부하는 경우
> 8. 그 밖에 부양을 받을 수 없는 것으로 보건복지부장관이 정하는 경우

5 생계급여의 방법에 대한 설명으로 옳은 것은?

① 생계급여는 금전으로 지급하는 것으로 한다.

② 수급품은 매주 정기적으로 지급하여야 한다.

③ 수급품은 수급자의 보호자에게 지급한다.

④ 생계급여는 차등지급할 수 없다.

> **NOTE** 생계급여의 방법〈「국민기초생활보장법」 제9조〉
> ① 생계급여는 금전을 지급하는 것으로 한다. 다만, 금전으로 지급할 수 없거나 금전으로 지급하는 것이 적당하지 아니하다고 인정하는 경우에는 물품을 지급할 수 있다.
> ② 제1항의 수급품은 대통령령으로 정하는 바에 따라 매월 정기적으로 지급하여야 한다. 다만, 특별한 사정이 있는 경우에는 그 지급방법을 다르게 정하여 지급할 수 있다.
> ③ 제1항의 수급품은 수급자에게 직접 지급한다. 다만, 제10조 제1항 단서에 따라 제32조에 따른 보장시설이나 타인의 가정에 위탁하여 생계급여를 실시하는 경우에는 그 위탁받은 사람에게 이를 지급할 수 있다. 이 경우 보장기관은 보건복지부장관이 정하는 바에 따라 정기적으로 수급자의 수급 여부를 확인하여야 한다.
> ④ 생계급여는 보건복지부장관이 정하는 바에 따라 수급자의 소득인정액 등을 고려하여 차등지급할 수 있다.
> ⑤ 보장기관은 대통령령으로 정하는 바에 따라 근로능력이 있는 수급자에게 자활에 필요한 사업에 참가할 것을 조건으로 하여 생계급여를 실시할 수 있다. 이 경우 보장기관은 제28조에 따른 자활지원계획을 고려하여 조건을 제시하여야 한다.

6 생계급여에 해당하는 금전을 매월 정기적으로 미리 지급하는 경우, 수급자 명의의 지정된 계좌로 생계급여가 입금되는 날은? (단, 주말은 제외한다)

① 5일
② 10일
③ 15일
④ 20일

> **NOTE** 법 제9조 제2항 본문 및 제27조의2에 따라 생계급여에 해당하는 금전을 매월 정기적으로 미리 지급하는 경우에는 매월 20일(토요일이거나 공휴일인 경우에는 그 전날로 한다)에 금융회사등의 수급자 명의의 지정된 계좌에 입금해야 한다〈「국민기초생활보장법」 시행령 제6조(생계급여의 지급방법) 제1항〉.

○ **Answer** ○

3.② 4.③ 5.① 6.④

7 다음은 「국민기초생활보장법」 제10조(생계급여를 실시할 장소)에 대한 내용이다. 밑줄 친 부분 중 옳지 않은 것은?

> ① 생계급여는 ㉠수급자의 주거에서 실시한다. 다만, 수급자가 주거가 없거나 주거가 있어도 그 곳에서는 급여의 목적을 달성할 수 없는 경우 또는 ㉡수급자가 희망하는 경우에는 수급자를 보장시설이나 타인의 가정에 위탁하여 급여를 실시할 수 있다.
> ② 제1항에 따라 수급자에 대한 생계급여를 타인의 가정에 위탁하여 실시하는 경우에는 거실의 임차료와 그 밖에 거실의 유지에 필요한 비용은 ㉢수급품에 가산하여 지급한다. 이 경우 ㉣ 생계급여가 실시된 것으로 본다.

① ㉠   ② ㉡

③ ㉢   ④ ㉣

NOTE 생계급여를 실시할 장소〈「국민기초생활보장법」 제10조〉
① 생계급여는 수급자의 주거에서 실시한다. 다만, 수급자가 주거가 없거나 주거가 있어도 그곳에 서는 급여의 목적을 달성할 수 없는 경우 또는 수급자가 희망하는 경우에는 수급자를 제32조 에 따른 보장시설이나 타인의 가정에 위탁하여 급여를 실시할 수 있다.
② 제1항에 따라 수급자에 대한 생계급여를 타인의 가정에 위탁하여 실시하는 경우에는 거실의 임차료와 그 밖에 거실의 유지에 필요한 비용은 수급품에 가산하여 지급한다. 이 경우 제7조 제1항 제2호의 주거급여가 실시된 것으로 본다.

8 다음 중 수급권자 선정기준이 가장 높은 급여는? (단, 적용특례는 제외한다)

① 생계급여   ② 교육급여

③ 의료급여   ④ 해산급여

NOTE ① 생계급여 선정기준은 기준 중위소득의 100분의 30 이상으로 한다.
② 교육급여 선정기준은 기준 중위소득의 100분의 50 이상으로 한다.
③ 의료급여 선정기준은 기준 중위소득의 100분의 40 이상으로 한다.
④ 해산급여는 제7조 제1항 제1호부터 제3호까지의 급여(생계급여, 주거급여, 의료급여) 중 하나 이상의 급여를 받는 수급자에게 다음 각 호의 급여를 실시하는 것으로 한다.
　1. 조산(助産)
　2. 분만 전과 분만 후에 필요한 조치와 보호
※ 참고로 주거급여의 수급권자 선정기준은 기준 중위소득의 100분의 43 이상으로 한다.

9 다음 중 장제급여를 받을 수 있는 장제조치에 해당하는 것은?

① 화장 ② 수장
③ 수목장 ④ 빙장

> **NOTE** 장제급여〈「국민기초생활보장법」 제14조 제1항〉 … 장제급여는 제7조 제1항 제1호부터 제3호까지의 급여(생계급여, 주거급여, 의료급여) 중 하나 이상의 급여를 받는 수급자가 사망한 경우 사체의 검안(檢案) · 운반 · 화장 또는 매장, 그 밖의 장제조치를 하는 것으로 한다.

10 수급자의 자활을 돕기 위하여 실시하는 자활급여에 해당하지 않는 것은?

① 자활에 필요한 근로능력의 향상 및 기능습득의 지원
② 자활에 필요한 금품의 지급 또는 대여
③ 자활을 위한 창업비용의 지원
④ 자활을 위한 근로기회의 제공

> **NOTE** 자활급여〈「국민기초생활보장법」 제15조 제1항〉 … 자활급여는 수급자의 자활을 돕기 위하여 다음 각 호의 급여를 실시하는 것으로 한다.
> 1. 자활에 필요한 금품의 지급 또는 대여
> 2. 자활에 필요한 근로능력의 향상 및 기능습득의 지원
> 3. 취업알선 등 정보의 제공
> 4. 자활을 위한 근로기회의 제공
> 5. 자활에 필요한 시설 및 장비의 대여
> 6. 창업교육, 기능훈련 및 기술 · 경영 지도 등 창업지원
> 7. 자활에 필요한 자산형성 지원
> 8. 그 밖에 대통령령으로 정하는 자활을 위한 각종 지원

Answer
7.④ 8.② 9.① 10.③

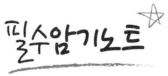

03 자활 지원

① 한국자활복지개발원〈법 제15조의2〉

① 수급자 및 차상위자의 자활촉진에 필요한 사업을 수행하기 위하여 한국자활복지개발원(이하 "자활복지개발원"이라 한다)을 설립한다.

② 자활복지개발원은 법인으로 한다.

③ 자활복지개발원은 그 주된 사무소의 소재지에서 설립등기를 함으로써 성립한다.

④ 보건복지부장관은 자활복지개발원을 지도 · 감독하며 자활복지개발원에 대하여 업무 · 회계 및 재산에 관하여 필요한 사항을 보고하게 하거나 소속 공무원에게 자활복지개발원에 출입하여 장부, 서류, 그 밖의 물건을 검사하게 할 수 있다.

⑤ 제1항에서 제4항까지에서 규정한 사항 외에 자활복지개발원의 정관, 이사회, 회계, 그 밖에 자활복지개발원의 설립 · 운영에 필요한 사항은 대통령령으로 정한다.

> ※ **자활복지개발원의 정관**〈시행령 제21조의4〉… 자활복지개발원의 정관에는 다음 각 호의 사항이 포함되어야 한다.
>   1. 목적
>   2. 명칭
>   3. 주된 사무소가 있는 곳
>   4. 임원 및 직원의 임면(任免)
>   5. 이사회의 운영
>   6. 사업범위 및 내용과 그 집행
>   7. 회계
>   8. 정관의 변경
>   9. 내부 규정의 제정 · 개정 및 폐지

② 자활복지개발원의 업무〈법 제15조의3〉

① 자활복지개발원은 다음 각 호의 사업을 수행한다.

    1. 자활 지원을 위한 사업(이하 "자활지원사업"이라 한다)의 개발 및 평가

    2. 자활 지원을 위한 조사 · 연구 및 홍보

    3. 제15조의10에 따른 광역자활센터, 제16조에 따른 지역자활센터 및 제18조에 따른 자활 기업의 기술 · 경영 지도 및 평가

    4. 자활 관련 기관 간의 협력체계 구축 · 운영

    5. 자활 관련 기관 간의 정보네트워크 구축 · 운영

    6. 취업 · 창업을 위한 자활촉진 프로그램 개발 및 지원

    7. 제18조의6 제2항 및 제3항에 따른 고용지원서비스의 연계 및 사회복지서비스의 지원 대상자 관리

    8. 수급자 및 차상위자의 자활촉진을 위한 교육 · 훈련, 제15조의10에 따른 광역자활센터 등 자활 관련 기관의 종사자 및 참여자에 대한 교육 · 훈련 및 지원

    9. 국가 또는 지방자치단체로부터 위탁받은 자활 관련 사업

    10. 그 밖에 자활촉진에 필요한 사업으로서 보건복지부장관이 정하는 사업

② 제1항 제5호 및 제7호에 따라 구축 · 운영되는 정보시스템은 「사회복지사업법」 제6조의2 제1항에 따른 정보시스템 및 「사회보장기본법」 제37조 제2항에 따른 사회보장정보시스템과 연계할 수 있다.

③ 자활복지개발원장은 제1항제8호에 따른 교육 · 훈련을 위하여 자활복지개발원에 한국자활연수원을 둔다.

③ 임원〈법 제15조의4〉

① 자활복지개발원에 원장 1명을 포함한 11명 이내의 이사와 감사 1명을 두며, 원장을 제외한 이사와 감사는 비상임으로 한다.

② 원장과 감사는 정관으로 정하는 바에 따라 구성된 임원추천위원회가 복수로 추천한 사람 중에서 보건복지부장관이 임명한다.

③ 원장의 임기는 3년으로 하되, 1년을 단위로 연임할 수 있다.

④ 이사는 다음 각 호의 어느 하나에 해당하는 사람 중에서 보건복지부장관이 임명하되, 제1호 및 제2호의 경우에는 임원추천위원회의 추천을 받아 임명한다.

1. 자활지원사업·사회복지 분야에 학식과 경험이 풍부한 사람

2. 정보통신·교육훈련·경영·경제·금융 분야 중 어느 하나 이상의 분야에 학식과 경험이 풍부한 사람

3. 보건복지부의 자활지원사업을 담당하는 공무원 또는 지방자치단체의 공무원

⑤ 원장 및 제4항제3호의 이사를 제외한 임원의 임기는 2년으로 하되, 1년을 단위로 연임할 수 있다.

⑥ 그 밖에 임원의 자격, 선임, 직무에 관하여 필요한 사항은 정관으로 정한다.

④ 광역자활센터〈법 제15조의10〉

① 보장기관은 수급자 및 차상위자의 자활촉진에 필요한 다음 각 호의 사업을 수행하게 하기 위하여 사회복지법인, 사회적협동조합 등 비영리법인과 단체(이하 이 조에서 "법인등"이라 한다)를 법인등의 신청을 받아 특별시·광역시·특별자치시·도·특별자치도(이하 "시·도"라 한다) 단위의 광역자활센터로 지정한다. 이 경우 보장기관은 법인등의 지역사회복지사업 및 자활지원사업의 수행 능력·경험 등을 고려하여야 한다.

1. 시·도 단위의 자활기업 창업지원

2. 시·도 단위의 수급자 및 차상위자에 대한 취업·창업 지원 및 알선

3. 제16조에 따른 지역자활센터 종사자 및 참여자에 대한 교육훈련 및 지원

4. 지역특화형 자활프로그램 개발·보급 및 사업개발 지원

5. 제16조에 따른 지역자활센터 및 제18조에 따른 자활기업에 대한 기술·경영 지도

6. 그 밖에 자활촉진에 필요한 사업으로서 보건복지부장관이 정하는 사업

② 보장기관은 광역자활센터의 설치 및 운영에 필요한 경비의 전부 또는 일부를 보조할 수 있다.

③ 보장기관은 광역자활센터에 대하여 정기적으로 사업실적 및 운영실태를 평가하고 수급자의 자활촉진을 달성하지 못하는 광역자활센터에 대해서는 그 지정을 취소할 수 있다.

④ 제1항부터 제3항까지에서 규정한 사항 외에 광역자활센터의 신청·지정 및 취소 절차와 평가, 그 밖에 운영에 필요한 사항은 보건복지부령으로 정한다.

5 지역자활센터 등〈법 제16조〉

① 보장기관은 수급자 및 차상위자의 자활 촉진에 필요한 다음 각 호의 사업을 수행하게 하기 위하여 사회복지법인, 사회적협동조합 등 비영리법인과 단체(이하 이 조에서 "법인등"이라 한다)를 법인등의 신청을 받아 지역자활센터로 지정할 수 있다. 이 경우 보장기관은 법인등의 지역사회복지사업 및 자활지원사업 수행능력·경험 등을 고려하여야 한다.

1. 자활의욕 고취를 위한 교육

2. 자활을 위한 정보제공, 상담, 직업교육 및 취업알선

3. 생업을 위한 자금융자 알선

4. 자영창업 지원 및 기술·경영 지도

5. 제18조에 따른 자활기업의 설립·운영 지원

6. 그 밖에 자활을 위한 각종 사업

② 보장기관은 제1항에 따라 지정을 받은 지역자활센터에 대하여 다음 각 호의 지원을 할 수 있다.

1. 지역자활센터의 설립·운영 비용 또는 제1항 각 호의 사업수행 비용의 전부 또는 일부

2. 국유·공유 재산의 무상임대

3. 보장기관이 실시하는 사업의 우선 위탁

③ 보장기관은 지역자활센터에 대하여 정기적으로 사업실적 및 운영실태를 평가하고 수급자의 자활촉진을 달성하지 못하는 지역자활센터에 대하여는 그 지정을 취소할 수 있다.

④ 지역자활센터는 수급자 및 차상위자에 대한 효과적인 자활 지원과 지역자활센터의 발전을 공동으로 도모하기 위하여 지역자활센터협회를 설립할 수 있다.

⑤ 제1항부터 제3항까지에서 규정한 사항 외에 지역자활센터의 신청·지정 및 취소 절차와 평가, 그 밖에 운영 등에 필요한 사항은 보건복지부령으로 정한다.

6 자활기업〈법 제18조〉

① 수급자 및 차상위자는 상호 협력하여 자활기업을 설립·운영할 수 있다.

② 자활기업을 설립·운영하려는 자는 다음 각 호의 요건을 모두 갖추어 보장기관의 인정을 받아야 한다.

1. 조합 또는 「부가가치세법」 상 사업자의 형태를 갖출 것

2. 설립 및 운영 주체는 수급자 또는 차상위자를 2인 이상 포함하여 구성할 것. 다만, 설립 당시에는 수급자 또는 차상위자였으나, 설립 이후 수급자 또는 차상위자를 면하게 된 사람이 계속하여 그 구성원으로 있는 경우에는 수급자 또는 차상위자로 산정(算定)한다.

3. 그 밖에 운영기준에 관하여 보건복지부장관이 정하는 사항을 갖출 것

③ 보장기관은 자활기업에게 직접 또는 자활복지개발원, 제15조의10에 따른 광역자활센터 및 제16조에 따른 지역자활센터를 통하여 다음 각 호의 지원을 할 수 있다.

1. 자활을 위한 사업자금 융자

2. 국유지·공유지 우선 임대

3. 국가나 지방자치단체가 실시하는 사업의 우선 위탁

4. 삭제

5. 자활기업 운영에 필요한 경영·세무 등의 교육 및 컨설팅 지원

6. 그 밖에 수급자의 자활촉진을 위한 각종 사업

④ 그 밖에 자활기업의 설립·운영, 인정 및 지원에 필요한 사항은 보건복지부령으로 정한다.

7 **자활기금의 적립**〈법 제18조의7〉

① 보장기관은 이 법에 따른 자활지원사업의 원활한 추진을 위하여 자활기금을 적립한다.

② 보장기관은 자활지원사업의 효율적 추진을 위하여 필요하다고 인정하는 경우에는 자활기금의 관리 · 운영을 자활복지개발원 또는 자활지원사업을 수행하는 비영리법인에 위탁할 수 있다. 이 경우 그에 드는 비용은 보장기관이 부담한다.

③ 제1항에 따른 자활기금의 적립에 필요한 사항은 대통령령으로 정한다.

※ **자활기금의 적립**〈시행령 제26조의2〉

① 법 제18조의7제1항에 따라 특별시장 · 광역시장 · 특별자치시장 · 도지사 · 특별자치도지사(이하 "시 · 도지사"라 한다) 또는 시장 · 군수 · 구청장이 적립해야 하는 자활기금(이하 "기금"이라 한다)의 적립금액은 시 · 도지사 또는 시장 · 군수 · 구청장이 정한다.

② 시 · 도지사 또는 시장 · 군수 · 구청장은 기금의 적립계좌를 별도로 개설하고 기금을 적립해야 한다.

---

8 **자산형성지원**〈법 제18조의8〉

① 보장기관은 수급자 및 차상위자가 자활에 필요한 자산을 형성할 수 있도록 재정적인 지원을 할 수 있다.

② 보장기관은 수급자 및 차상위자가 자활에 필요한 자산을 형성하는 데 필요한 교육을 실시할 수 있다.

③ 제1항에 따른 지원으로 형성된 자산은 대통령령으로 정하는 바에 따라 수급자의 재산의 소득환산액 산정 시 이를 포함하지 아니한다.

④ 보장기관은 제1항 및 제2항에 따른 자산형성지원과 그 교육에 관한 업무의 전부 또는 일부를 자활복지개발원 등의 법인 또는 단체 등에 위탁할 수 있다.

⑤ 제1항에 따른 자산형성지원의 대상과 기준 및 제2항에 따른 교육의 내용은 대통령령으로 정하고, 자산형성지원의 신청, 방법 및 지원금의 반환절차 등에 필요한 사항은 보건복지부령으로 정한다.

※ **자산형성의 대상 등**〈시행령 제21조의2〉

① 법 제15조제1항제7호 및 제18조의8에 따른 자산형성지원의 대상은 가구별 사업소득 및 근로소득이 기준 중위소득의 일정 비율 이상인 사람 중에서 수급자 및 차상위자의 가구 여건 및 취업 상태를 고려하여 선정한다. 이 경우 기준 중위소득에 대한 비율 기준은 보건복지부장관이 정하여 고시한다.

② 제1항에 따라 자산형성지원 대상으로 선정된 수급자 및 차상위자(이하 이 조에서 "지원대상자"라 한다)에게 지원하는 금액(이하 이 조에서 "지원금"이라 한다)은 지원대상자의 근로소득 등에 따라 차등하여 보건복지부장관이 정하여 고시한다.

③ 지원대상자는 제21조의3 제1호에 따른 금융업무를 하는 기관에 다음 각 호의 어느 하나에 해당하는 용도로 저축을 하여야 한다.

   1. 주택 구입비 또는 임대비

   2. 본인 및 자녀의 고등교육비 · 기술훈련비

   3. 사업의 창업자금 및 운영자금

   4. 그 밖에 보건복지부장관이 정하여 고시하는 용도

④ 보장기관은 제3항에 따라 저축을 하는 지원대상자의 자산형성을 지원하기 위하여 보건복지부장관이 정하여 고시하는 바에 따라 지원금을 적립하여야 한다.

⑤ 보장기관은 지원대상자가 다음 각 호의 어느 하나에 해당하는 경우에는 제4항에 따라 적립된 지원금을 지급할 수 있다. 이 경우 지원대상자는 지급받은 지원금을 제3항 각 호의 용도로 사용하여야 한다.

   1. 사업소득 또는 근로소득의 증가 등으로 소득인정액이 보건복지부장관이 정하여 고시하는 기준 중위소득의 일정비율을 초과한 경우

   2. 기업 등에 채용되거나 단독 또는 공동으로 창업하여 보건복지부장관이 정하여 고시하는 금액 이상의 소득이 발생한 경우

   3. 그 밖에 보건복지부장관이 정하여 고시하는 요건을 충족한 경우

⑥ 보장기관은 지원대상자에게 채무 관리, 자산 관리, 신용 관리, 재무 설계 등의 교육을 할 수 있다.

⑦ 보장기관은 지원대상자가 제5항에 따라 지급받은 지원금을 제3항 각 호의 용도와 다르게 사용하거나 제6항에 따른 교육을 받지 아니하면 지원금을 회수할 수 있다.

⑧ 보장기관은 법 제18조의8제4항에 따라 같은 조 제1항 및 제2항에 따른 자산형성지원과 그 교육에 관한 업무를 법 제15조의2제1항에 따른 한국자활복지개발원(이하 "자활복지개발원"이라 한다)에 위탁한다.

⑨ 제1항부터 제8항까지에서 규정한 사항 외에 지원신청, 대상자 선정, 지원금 지급 및 회수 등에 필요한 사항은 보건복지부장관이 정하여 고시한다.

❾ 자활의 교육 등〈법 제18조의9〉

① 보건복지부장관, 특별시장 · 광역시장 · 특별자치시장 · 도지사 · 특별자치도지사(이하 "시 · 도지사"라 한다), 시장 · 군수 · 구청장은 수급자 및 차상위자의 자활촉진을 위하여 교육을 실시할 수 있다.

② 보건복지부장관은 제1항에 따른 교육의 전부 또는 일부를 법인 · 단체 등에 위탁할 수 있다.

③ 보건복지부장관은 제2항에 따른 교육을 위탁받은 법인 · 단체 등에 대하여 그 운영에 필요한 비용을 지원할 수 있다.

④ 제1항부터 제3항까지에 따른 교육과 교육기관의 조직 · 운영 등에 필요한 사항은 보건복지부장관이 정한다.

1 한국자활복지개발원에 대한 설명으로 옳지 않은 것은?

① 설립목적은 수급자 및 차상위자의 자활촉진에 필요한 사업을 수행이다.
② 한국자활복지개발원은 법인으로 한다.
③ 한국자활복지개발원은 그 주된 사무소의 소재지에 신고를 함으로써 성립한다.
④ 보건복지부장관은 자활복지개발원을 지도·감독한다.

> **NOTE** ③ 자활복지개발원은 그 주된 사무소의 소재지에서 설립등기를 함으로써 성립한다〈「국민기초생활
> 보장법」 제15조의2 제3항〉.
> ※ 한국자활복지개발원〈「국민기초생활보장법」 제15조의2〉
> ① 수급자 및 차상위자의 자활촉진에 필요한 사업을 수행하기 위하여 한국자활복지개발원(이
> 하 "자활복지개발원"이라 한다)을 설립한다.
> ② 자활복지개발원은 법인으로 한다.
> ③ 자활복지개발원은 그 주된 사무소의 소재지에서 설립등기를 함으로써 성립한다.
> ④ 보건복지부장관은 자활복지개발원을 지도·감독하며 자활복지개발원에 대하여 업무·회계 및
> 재산에 관하여 필요한 사항을 보고하게 하거나 소속 공무원에게 자활복지개발원에 출입하
> 여 장부, 서류, 그 밖의 물건을 검사하게 할 수 있다.
> ⑤ 제1항에서 제4항까지에서 규정한 사항 외에 자활복지개발원의 정관, 이사회, 회계, 그 밖에
> 자활복지개발원의 설립·운영에 필요한 사항은 대통령령으로 정한다.

2 한국자활복지개발원의 정관에 포함되어야 할 사항이 아닌 것은?

① 목적
② 주된 사무소가 있는 곳
③ 사업범위
④ 이사회의 명단

3 한국자활복지개발원의 업무가 아닌 것은?

① 수급자 및 차상위자의 자활촉진을 위한 교육 · 훈련

② 기업으로부터 위탁받은 자활 관련 사업

③ 취업 · 창업을 위한 자활촉진 프로그램 개발 및 지원

④ 자활 관련 기관 간의 정보네트워크 구축 · 운영

NOTE 자활복지개발원의 업무〈「국민기초생활보장법」제15조의3 제1항〉
1. 자활 지원을 위한 사업(이하 "자활지원사업"이라 한다)의 개발 및 평가
2. 자활 지원을 위한 조사 · 연구 및 홍보
3. 제15조의10에 따른 광역자활센터, 제16조에 따른 지역자활센터 및 제18조에 따른 자활기업의 기술 · 경영 지도 및 평가
4. 자활 관련 기관 간의 협력체계 구축 · 운영
5. 자활 관련 기관 간의 정보네트워크 구축 · 운영
6. 취업 · 창업을 위한 자활촉진 프로그램 개발 및 지원
7. 제18조의6제2항 및 제3항에 따른 고용지원서비스의 연계 및 사회복지서비스의 지원 대상자 관리
8. 수급자 및 차상위자의 자활촉진을 위한 교육 · 훈련, 제15조의10에 따른 광역자활센터 등 자활 관련 기관의 종사자 및 참여자에 대한 교육 · 훈련 및 지원
9. 국가 또는 지방자치단체로부터 위탁받은 자활 관련 사업
10. 그 밖에 자활촉진에 필요한 사업으로서 보건복지부장관이 정하는 사업

○ **Answer** ○
1.③ 2.④ 3.②

4 다음 빈칸에 들어갈 숫자의 합은?

> 자활복지개발원에 원장 1명을 포함한 (   )명 이내의 이사와 감사 (   )명을 두며, 원장을 제외한 이사와 감사는 비상임으로 한다.

① 11명   ② 12명

③ 13명   ④ 14명

> **NOTE** 자활복지개발원에 원장 1명을 포함한 11명 이내의 이사와 감사 1명을 두며, 원장을 제외한 이사와 감사는 비상임으로 한다〈「국민기초생활보장법」 제15조의4(임원) 제1항〉.

5 한국자활복지개발원장의 임기에 대한 설명으로 옳은 것은?

① 원장의 임기는 2년으로 하되, 연임은 할 수 없다.

② 원장의 임기는 2년으로 하되, 1년을 단위로 연임할 수 있다.

③ 원장의 임기는 3년으로 하되, 연임은 할 수 없다.

④ 원장의 임기는 3년으로 하되, 1년을 단위로 연임할 수 있다.

> **NOTE** 원장의 임기는 3년으로 하되, 1년을 단위로 연임할 수 있다〈「국민기초생활보장법」 제15조의4(임원) 제3항〉.

6 한국자활복지개발원의 원장 및 이사를 제외한 임원의 임기는 몇 년인가?

① 1년   ② 2년

③ 3년   ④ 4년

> **NOTE** 원장 및 제4항 제3호의 이사를 제외한 임원의 임기는 2년으로 하되, 1년을 단위로 연임할 수 있다〈「국민기초생활보장법」 제15조의4(임원) 제5항〉.

7 다음 중 한국자활복지개발원이 목적의 달성과 전문성의 향상을 위하여 보건복지부장관을 거쳐 직원의 파견을 요청할 수 있는 기관을 모두 고른 것은?

> ㉠ 국가기관　　　　　　　　　　㉡ 지방자치단체
> ㉢ 연구기관　　　　　　　　　　㉣ 공공단체
> ㉤ 영리기관

① ㉠, ㉡　　　　　　　　　　　　② ㉠, ㉡, ㉣

③ ㉠, ㉡, ㉢, ㉣　　　　　　　　④ ㉠, ㉡, ㉢, ㉣, ㉤

> **NOTE** 직원의 파견 등〈「국민기초생활보장법」 제15조의5〉.
> ① 자활복지개발원은 그 목적의 달성과 전문성의 향상을 위하여 필요한 경우에는 보건복지부장관을 거쳐 국가기관 · 지방자치단체 · 연구기관 또는 공공단체에 직원의 파견을 요청할 수 있다.
> ② 직원의 파견을 요청받은 국가기관 등의 장은 그 소속 직원을 자활복지개발원에 파견할 수 있다.

8 광역자활센터에 대한 설명으로 옳지 않은?

① 보장기관은 수급자 및 차상위자의 자활촉진에 필요한 사업을 수행하게 하기 위하여 사회복지법인, 사회적협동조합 등 비영리법인과 단체를 법인 등의 신청을 받아 특별시 · 광역시 · 특별자치시 · 도 · 특별자치도 단위의 광역자활센터로 지정한다.

② 보장기관은 법인 등의 신청에 따라 광역자활센터로 지정할 때, 지역사회복지사업 및 자활지원사업의 수행 능력 · 경험 등을 고려하여야 한다.

③ 보장기관은 광역자활센터의 설치 및 운영에 필요한 경비의 일부만 보조할 수 있다.

④ 보장기관은 광역자활센터에 대하여 정기적으로 사업실적 및 운영실태를 평가하고 수급자의 자활촉진을 달성하지 못하는 광역자활센터에 대해서는 그 지정을 취소할 수 있다.

> **NOTE** ③ 보장기관은 광역자활센터의 설치 및 운영에 필요한 경비의 전부 또는 일부를 보조할 수 있다〈「국민기초생활보장법」 제15조의10(광역자활센터) 제2항〉.

Answer

4.② 5.④ 6.② 7.③ 8.③

9 다음 중 광역자활센터에서 수행할 수 있는 사업으로 가장 거리가 먼 것은?

① 시·도 단위의 자활기업 창업지원

② 지역자활센터 종사자 및 참여자에 대한 취업·창업지원 및 알선

③ 생업을 위한 자금융자 알선

④ 지역특화형 자활프로그램 개발·보급 및 사업개발 지원

> **NOTE** 광역자활센터에서 수행할 수 있는 사업〈「국민기초생활보장법」 제15조의10(광역자활센터) 제1항〉
> … 보장기관은 수급자 및 차상위자의 자활촉진에 필요한 다음 각 호의 사업을 수행하게 하기 위하
> 여 사회복지법인, 사회적협동조합 등 비영리법인과 단체를 법인 등의 신청을 받아 특별시·광역
> 시·특별자치시·도·특별자치도(이하 "시·도"라 한다) 단위의 광역자활센터로 지정한다. 이 경우
> 보장기관은 법인등의 지역사회복지사업 및 자활지원사업의 수행 능력·경험 등을 고려하여야 한
> 다.
> 1. 시·도 단위의 자활기업 창업지원
> 2. 시·도 단위의 수급자 및 차상위자에 대한 취업·창업 지원 및 알선
> 3. 제16조에 따른 지역자활센터 종사자 및 참여자에 대한 교육훈련 및 지원
> 4. 지역특화형 자활프로그램 개발·보급 및 사업개발 지원
> 5. 제16조에 따른 지역자활센터 및 제18조에 따른 자활기업에 대한 기술·경영 지도
> 6. 그 밖에 자활촉진에 필요한 사업으로서 보건복지부장관이 정하는 사업

10 다음 중 지역자활센터에서 수행할 수 있는 사업으로 가장 거리가 먼 것은?

① 자활의욕 고취를 위한 교육

② 자활을 위한 정보제공, 상담, 직업교육 및 취업알선

③ 자영창업 지원 및 기술·경영 지도

④ 자활기업에 대한 기술·경영 지도

> **NOTE** 지역자활센터에서 수행할 수 있는 사업〈「국민기초생활보장법」 제16조(지역자활센터 등) 제1항〉 …
> 보장기관은 수급자 및 차상위자의 자활 촉진에 필요한 다음 각 호의 사업을 수행하게 하기 위하
> 여 사회복지법인, 사회적협동조합 등 비영리법인과 단체(이하 이 조에서 "법인등"이라 한다)를 법
> 인 등의 신청을 받아 지역자활센터로 지정할 수 있다. 이 경우 보장기관은 법인등의 지역사회복지
> 사업 및 자활지원사업 수행능력·경험 등을 고려하여야 한다.
> 1. 자활의욕 고취를 위한 교육
> 2. 자활을 위한 정보제공, 상담, 직업교육 및 취업알선
> 3. 생업을 위한 자금융자 알선
> 4. 자영창업 지원 및 기술·경영 지도
> 5. 제18조에 따른 자활기업의 설립·운영 지원
> 6. 그 밖에 자활을 위한 각종 사업

11 보장기관은 지정받은 지역자활센터에 대해 지원을 할 수 있다. 다음 중 보장기관의 지역자활센터 보장 항목으로 가장 옳지 않은 것은?

① 지역자활센터의 설립 · 운영 비용의 전부
② 국유 · 공유 재산의 유상임대
③ 보장기관이 실시하는 사업의 우선 위탁
④ 사업수행 비용의 전부

> **NOTE** 보장기관은 제1항에 따라 지정을 받은 지역자활센터에 대하여 다음 각 호의 지원을 할 수 있다〈「국민기초생활보장법」 제16조(지역자활센터 등) 제2항〉.
> 1. 지역자활센터의 설립 · 운영 비용 또는 제1항 각 호의 사업수행 비용의 전부 또는 일부
> 2. 국유 · 공유 재산의 무상임대
> 3. 보장기관이 실시하는 사업의 우선 위탁

12 자활기업에 대한 설명으로 옳지 않은 것은?

① 수급자 및 차상위자는 상호 협력하여 자활기업을 설립 · 운영할 수 있다.
② 자활기업은 조합 또는 「부가가치세법」상의 사업자로 한다.
③ 보장기관은 반드시 광역자활센터 및 지역자활센터를 통하여 자활기업을 지원할 수 있다.
④ 국가나 지방자치단체의 조달구매 시 자활기업 생산품의 우선 구매를 지원받을 수 있다.

> **NOTE** ③ 보장기관은 자활기업에게 직접 또는 자활복지개발원, 제15조의10에 따른 광역자활센터 및 제16조에 따른 지역자활센터를 통하여 다음 각 호의 지원을 할 수 있다〈「국민기초생활보장법」 제18조(자활기업) 제3항〉.
> 1. 자활을 위한 사업자금 융자
> 2. 국유지 · 공유지 우선 임대
> 3. 국가나 지방자치단체가 실시하는 사업의 우선 위탁
> 4. 삭제
> 5. 자활기업 운영에 필요한 경영 · 세무 등의 교육 및 컨설팅 지원
> 6. 그 밖에 자활기업의 설립 · 운영, 인정 및 지원에 필요한 사항은 보건복지부령으로 정한다.

○ **Answer** ○
9.③ 10.④ 11.② 12.③

13 보장기관은 수급자 및 차상위자의 고용을 촉진하기 위하여 상시근로자의 일정비율 이상을 수급자 및 차상위자로 채용하는 기업에 대하여는 대통령령으로 정하는 바에 따라 제18조 제3항 각 호에 해당하는 지원을 할 수 있다. 이때 일정비율은 얼마인가?

① 100분의 10   ② 100분의 20

③ 100분의 30   ④ 100분의 40

> **NOTE** 법 제18조의6에 따라 지원을 받을 수 있는 기업은 상시근로자의 100분의 20 이상을 수급자 또는 차상위자로 채용하는 기업으로 한다. 이 경우 채용 당시는 수급자 또는 차상위자였으나 채용 후 수급자 및 차상위자를 면하게 된 사람이 계속하여 취업하고 있는 경우에는 수급자 및 차상위자로 산정(算定)한다.〈「국민기초생활보장법 시행령」제26조(수급자 등 채용기업에 대한 지원) 제1항〉.

14 수급자 등 채용기업에 대한 지원기간은 몇 년의 범위에서 정해지는가?

① 1년   ③ 3년

③ 5년   ④ 10년

> **NOTE** 기업에 대한 지원기간은 5년의 범위에서 보장기관이 정한다〈「국민기초생활보장법 시행령」제26조(수급자 등 채용기업에 대한 지원) 제2항〉.

15 수급자 등 채용기업에 대한 지원을 받고 있는 기업은 해마다 보장기관에 보고하여야 한다. 이때 보고해야할 항목이 아닌 것은?

① 수급자 및 차상위자의 고용명단

② 수급자의 고용비율

③ 차상위자의 고용비율

④ 지원금의 사용 내용

> **NOTE** 지원을 받고 있는 기업은 수급자 및 차상위자의 고용비율, 지원금의 사용 내용을 해마다 보고하여야 한다〈「국민기초생활보장법 시행령」제26조(수급자 등 채용기업에 대한 지원) 제4항〉.

16 자활기금의 적립에 대한 설명으로 옳지 않은 것은?

① 보장기관은 「국민기초생활보장법」에 따른 자활지원사업의 원활한 추진을 위하여 자활기금을 적립한다.

② 보장기관은 자활지원사업의 효율적 추진을 위하여 필요하다고 인정하는 경우에는 자활기금의 관리·운영을 자활복지개발원 또는 자활지원사업을 수행하는 비영리법인에 위탁할 수 있다.

③ 보장기관이 자활기금의 관리·운영을 자활복지개발원에 위탁할 경우 그에 드는 비용은 자활복지개발원이 부담한다.

④ 시·도지사 또는 시장·군수·구청장은 기금의 적립계좌를 별도로 개설하고 기금을 적립해야 한다.

> **NOTE** ③ 보장기관은 자활지원사업의 효율적 추진을 위하여 필요하다고 인정하는 경우에는 자활기금의 관리·운영을 자활복지개발원 또는 자활지원사업을 수행하는 비영리법인에 위탁할 수 있다. 이 경우 그에 드는 비용은 보장기관이 부담한다〈「국민기초생활보장법」 제18조의7(자활기금의 적립) 제2항〉.

17 보장기관은 수급자 및 차상위자가 자활에 필요한 자산을 형성할 수 있도록 재정적인 지원을 할 수 있고, 또한 자활에 필요한 자산을 형성하는 데 필요한 교육을 실시할 수 있다. 이때 보장기관이 수급자 및 차상위자를 대상으로 실시할 수 있는 교육항목에 해당하는 것을 모두 고르면?

㉠ 자산 관리	㉡ 채무 관리
㉢ 신용 관리	㉣ 재무 설계

① ㉠, ㉡   ② ㉠, ㉢

③ ㉠, ㉡, ㉢   ④ ㉠, ㉡, ㉢, ㉣

> **NOTE** 보장기관은 수급자 및 차상위자가 자활에 필요한 자산을 형성하는 데 필요한 교육을 실시할 수 있다〈「국민기초생활보장법」 제18조의8(자산형성지원) 제2항〉. 보장기관은 지원대상자에게 채무 관리, 자산 관리, 신용 관리, 재무 설계 등의 교육을 할 수 있다〈「국민기초생활보장법 시행령」 제21조의2(자산형성의 대상 등) 제6항〉.

Answer

13.②   14.③   15.①   16.③   17.④

18 자산형성지원대상자는 금융회사 등으로서 보건복지부장관이 정하는 기관에 일정 용도로 저축을 하여야 한다. 다음 중 그 용도로 볼 수 없는 것은?

① 주택 구입비   ② 자녀의 고등교육비

③ 부모의 기술훈련비   ④ 사업의 창업자금

> **NOTE** 지원대상자는 제21조의3 제1호에 따른 금융업무를 하는 기관에 다음 각 호의 어느 하나에 해당하는 용도로 저축을 하여야 한다〈「국민기초생활보장법」시행령 제21조의2(자산형성의 대상 등) 제3항〉.
> 1. 주택 구입비 또는 임대비
> 2. 본인 및 자녀의 고등교육비·기술훈련비
> 3. 사업의 창업자금 및 운영자금
> 4. 그 밖에 보건복지부장관이 정하여 고시하는 용도

19 자활지원사업 통합정보전산망의 구축·운영 등에 대한 설명으로 옳지 않은 것은?

① 보건복지부장관은 자활지원사업 참여자의 수급이력 및 자활지원사업의 수행·관리 및 효과 분석에 필요한 각종 자료 및 정보를 효율적으로 처리하고 기록·관리하는 자활지원사업 통합정보전산망(이하 "통합정보전산망"이라 한다)을 구축·운영할 수 있다.

② 보건복지부장관은 통합정보전산망의 구축·운영을 위하여 고용노동부, 국가보훈처, 국세청 등 국가기관과 지방자치단체의 장 및 관련 기관·단체의 장에게 자료 제공 및 관계 전산망 의 이용을 요청할 수 있다.

③ 보건복지부장관은 자료 및 관계 전산망의 이용 등 통합정보전산망의 구축·운영에 필요한 자료의 조사를 위하여 「사회보장기본법」에 따른 사회보장정보시스템을 연계하여 사용할 수 있다.

④ 자활지원사업을 수행하는 중앙행정기관, 지방자치단체 및 위탁받은 기관·단체의 장과 자 활복지개발원의 원장은 자활지원사업의 수행·관리 및 효과분석을 위하여 정보를 활용하 고자 통합정보전산망의 사용할 경우 사용료를 제외한 수수료를 면제한다.

> **NOTE** 자활지원사업 통합정보전산망의 구축·운영 등〈「국민기초생활보장법」제18조의10〉
> ① 보건복지부장관은 근로능력이 있는 수급자 등 자활지원사업 참여자의 수급이력 및 근로활동 현황 등 자활지원사업의 수행·관리 및 효과분석에 필요한 각종 자료 및 정보를 효율적으로 처리하고 기록·관리하는 자활지원사업 통합정보전산망(이하 "통합정보전산망"이라 한다)을 구축· 운영할 수 있다.
> ② 보건복지부장관은 통합정보전산망의 구축·운영을 위하여 고용노동부, 국가보훈처, 국세청 등 국가기관과 지방자치단체의 장 및 관련 기관·단체의 장에게 다음 각 호의 자료 제공 및 관계 전 산망의 이용을 요청할 수 있다. 이 경우 자료의 제공 등을 요청받은 기관의 장은 정당한 사유 가 없으면 그 요청에 따라야 한다.

1. 사업자등록부
2. 국민건강보험 · 국민연금 · 고용보험 · 산업재해보상보험 · 보훈급여 · 공무원연금 · 군인연금 · 사립학교교직원연금 · 별정우체국연금의 가입 여부, 소득정보, 가입종별, 부과액 및 수급액
3. 사회보장급여 수급이력
4. 국가기술자격 취득 정보

③ 보건복지부장관은 제2항에 따른 자료 및 관계 전산망의 이용 등 통합정보전산망의 구축 · 운영에 필요한 자료의 조사를 위하여 「사회보장기본법」 제37조 제2항에 따른 사회보장정보시스템을 연계하여 사용할 수 있다.

④ 자활지원사업을 수행하는 중앙행정기관, 지방자치단체 및 위탁받은 기관 · 단체의 장과 자활복지개발원의 원장은 자활지원사업의 수행 · 관리 및 효과분석을 위하여 제2항 각 호의 정보를 활용하고자 하는 경우 보건복지부장관에게 통합정보전산망의 사용을 요청할 수 있다.

⑤ 보건복지부장관은 통합정보전산망 구축 · 운영에 관한 업무의 전부 또는 일부를 자활복지개발원에 위탁할 수 있다.

⑥ 제2항부터 제4항까지에 따른 자료 또는 관계 전산망의 이용 및 제공에 대해서는 수수료 · 사용료 등을 면제한다.

20 자활지원사업을 수행하는 수행기관은 자활지원사업 통합정보전산망의 구축 · 운영 등에 따른 자료 및 관계 전산망을 이용함에 있어 자활지원사업의 목적을 달성한 경우 개인정보를 지체 없이 파기하여야 한다. 이때 파기에서 제외할 수 있는 정보가 아닌 것은?

① 자활지원사업 신청자 명단
② 자활지원사업 참여자의 특성
③ 자활지원사업 참여자의 사업 참여 이력
④ 자활지원사업 참여자의 사업종료 이후 취업 이력

> **NOTE** 수행기관은 제18조의10제2항부터 제4항까지에 따른 자료 및 관계 전산망을 이용함에 있어 다음 각 호의 개인정보를 제외한 정보는 참여자의 수급이력 및 근로활동현황 등 자활지원사업의 수행 · 관리 및 효과분석 목적을 달성한 경우 지체 없이 파기하여야 한다. 〈「국민기초생활보장법」 제18조의11(개인정보의 보호) 제4항〉.
> 1. 자활지원사업 신청자 및 참여자의 특성
> 2. 자활지원사업 참여자의 사업 참여 이력
> 3. 자활지원사업 참여자의 사업종료 이후 취업 이력

○ **Answer** ○
18.③ 19.④ 20.①

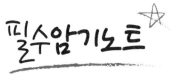

시험에 **2회 이상** 출제된 **필수암기노트**

04 보장기관

❶ 보장기관〈법 제19조〉

① 이 법에 따른 급여는 수급권자 또는 수급자의 거주지를 관할하는 시·도지사와 시장·군수·구청장[제7조 제1항 제4호의 교육급여인 경우에는 특별시·광역시·특별자치시·도·특별자치도의 교육감(이하 "시·도교육감"이라 한다)을 말한다. 이하 같다]이 실시한다. 다만, 주거가 일정하지 아니한 경우에는 수급권자 또는 수급자가 실제 거주하는 지역을 관할하는 시장·군수·구청장이 실시한다.

② 제1항에도 불구하고 보건복지부장관, 소관 중앙행정기관의 장과 시·도지사는 수급자를 각각 국가나 해당 지방자치단체가 경영하는 보장시설에 입소하게 하거나 다른 보장시설에 위탁하여 급여를 실시할 수 있다.

③ 수급권자나 수급자가 거주지를 변경하는 경우의 처리방법과 보장기관 간의 협조, 그 밖에 업무처리에 필요한 사항은 보건복지부령으로 정한다.

④ 보장기관은 수급권자·수급자·차상위계층에 대한 조사와 수급자 결정 및 급여의 실시 등 이 법에 따른 보장업무를 수행하게 하기 위하여 「사회복지사업법」 제14조에 따른 사회복지 전담공무원(이하 "사회복지 전담공무원"이라 한다)을 배치하여야 한다. 이 경우 제15조에 따른 자활급여 업무를 수행하는 사회복지 전담공무원은 따로 배치하여야 한다.

❷ 생활보장위원회〈법 제20조〉

① 이 법에 따른 생활보장사업의 기획·조사·실시 등에 관한 사항을 심의·의결하기 위하여 보건복지부와 시·도 및 시·군·구(자치구를 말한다. 이하 같다)에 각각 생활보장위원회를 둔다. 다만, 시·도 및 시·군·구에 두는 생활보장위원회는 그 기능을 담당하기에 적

합한 다른 위원회가 있고 그 위원회의 위원이 제4항에 규정된 자격을 갖춘 경우에는 시·도 또는 시·군·구의 조례로 정하는 바에 따라 그 위원회가 생활보장위원회의 기능을 대신할 수 있다.

② 보건복지부에 두는 생활보장위원회(이하 "중앙생활보장위원회"라 한다)는 다음 각 호의 사항을 심의·의결한다.

  1. 제20조의2제3항에 따른 기초생활보장 종합계획의 수립
  2. 소득인정액 산정방식과 기준 중위소득의 결정
  3. 급여의 종류별 수급자 선정기준과 최저보장수준의 결정
  4. 제20조의2제2항 및 제4항에 따른 급여기준의 적정성 등 평가 및 실태조사에 관한 사항
  5. 급여의 종류별 누락·중복, 차상위계층의 지원사업 등에 대한 조정
  6. 제18조의7에 따른 자활기금의 적립·관리 및 사용에 관한 지침의 수립
  7. 그 밖에 위원장이 회의에 부치는 사항

③ 중앙생활보장위원회는 위원장을 포함하여 16명 이내의 위원으로 구성하고 위원은 보건복지부장관이 다음 각 호의 어느 하나에 해당하는 사람 중에서 위촉·지명하며 위원장은 보건복지부장관으로 한다.

  1. 공공부조 또는 사회복지와 관련된 학문을 전공한 전문가로서 대학의 조교수 이상인 사람 또는 연구기관의 연구원으로 재직 중인 사람 5명 이내
  2. 공익을 대표하는 사람 5명 이내
  3. 관계 행정기관 소속 3급 이상 공무원 또는 고위공무원단에 속하는 일반직공무원 5명 이내

④ 제1항에 따른 시·도 및 시·군·구 생활보장위원회의 위원은 시·도지사 또는 시장·군수·구청장이 다음 각 호의 어느 하나에 해당하는 사람 중에서 위촉·지명하며 위원장은 해당 시·도지사 또는 시장·군수·구청장으로 한다. 다만, 제1항 단서에 따라 다른 위원회가 생활보장위원회의 기능을 대신하는 경우 위원장은 조례로 정한다.
  1. 사회보장에 관한 학식과 경험이 있는 사람
  2. 공익을 대표하는 사람
  3. 관계 행정기관 소속 공무원

⑤ 제1항에 따른 생활보장위원회는 심의·의결과 관련하여 필요한 경우 보장기관에 대하여 그 소속 공무원의 출석이나 자료의 제출을 요청할 수 있다. 이 경우 해당 보장기관은 정당한 사유가 없으면 요청에 따라야 한다.

⑥ 시·도 및 시·군·구 생활보장위원회의 기능과 각 생활보장위원회의 구성·운영 등에 필요한 사항은 대통령령으로 정한다.

※ **중앙생활보장위원회의 조직 및 구성**〈시행령 제27조〉
① 법 제20조 제2항에 따른 중앙생활보장위원회(이하 "중앙생활보장위원회"라 한다)에는 부위원장 1명을 둔다.
② 부위원장은 위원 중에서 호선한다.
③ 위원 중 관계 행정기관 소속 공무원은 다음 각 호의 사람으로 한다.
　1. 기획재정부 제2차관
　2. 교육부 차관
　3. 행정안전부 차관
　4. 고용노동부 차관
　5. 국토교통부 제1차관

※ **소위원회**〈시행령 제27조의2〉
① 중앙생활보장위원회에 상정할 안건의 효율적인 검토를 위하여 필요한 경우에는 중앙생활보장위원회에 분야별로 소위원회를 구성·운영할 수 있다.
② 제1항에 따른 분야별 소위원회는 소위원회 위원장을 포함하여 13명 이내의 위원으로 구성하며, 소위원회 위원장은 중앙생활보장위원회 위원장(이하 "위원장"이라 한다. 이하 이 조에서 같다)이 위원 중에서 지명한다.
③ 분야별 소위원회의 위원은 위원장이 다음 각 호의 사람 중에서 전문분야, 성별 등을 고려하여 위촉하거나 임명한다.
　1. 중앙생활보장위원회 위원
　2. 해당 분야에서 전문지식과 경험이 풍부한 사람
　3. 분야별 소위원회의 운영과 관련된 중앙행정기관의 4급 이상 공무원

※ **지방생활보장위원회의 조직과 구성**〈시행령 제28조〉
① 법 제20조 제6항에 따라 시·도 및 시·군·구에 두는 생활보장위원회(이하 "지방생활보장위원회"라 한다)는 위원장 및 부위원장 각 1명을 포함하여 15명 이내의 위원으로 구성된다. 이 경우 법 제20조 제4항 제1호 및 제2호에 규정된 사람의 참여 기회를 보장하여야 한다.
② 부위원장은 위원 중에서 호선한다.
③ 법 제20조 제1항 단서에 따라 다른 위원회가 지방생활보장위원회의 기능을 대신하는 경우 위원회를 구성할 때 법 제20조 제4항 제1호 및 제2호에 규정된 사람의 참여 기회를 보장하여야 한다.
④ 지방생활보장위원회는 심의사항을 전문적으로 검토하기 위하여 의결로 소위원회를 둘 수 있다.
⑤ 제4항에 따른 소위원회(이하 "소위원회"라 한다)는 소위원회 위원장을 포함하여 7명 이내의 위원으로 구성되며, 소위원회 위원장은 지방생활보장위원회 위원장이 지방생활보장위원회의 의결을 거쳐 위원 중에서 지명한다.

※ **지방생활보장위원회의 기능**〈시행령 제29조〉

① 시·도에 두는 지방생활보장위원회는 다음 각 호의 사항을 심의·의결한다.

    1. 시·도의 생활보장사업 기본방향 및 시행계획의 수립에 관한 사항

    2. 법 제43조 제5항에 따라 해당 시·도가 실시하는 급여에 관한 사항

    3. 제26조의2부터 제26조의7까지의 규정에 따른 자활기금의 설치·운용에 관한 사항

    4. 제37조제2항에 따른 자활지원계획에 관한 사항

    5. 그 밖에 시·도지사가 회의에 부치는 사항

② 시·군·구에 두는 지방생활보장위원회는 다음 각 호의 사항을 심의·의결한다.

    1. 시·군·구의 생활보장사업 기본방향 및 시행계획의 수립에 관한 사항

    2. 법 제14조의2에 따라 법 제7조 제1항 각 호의 급여를 받을 자격이 있는 수급권자에 해당하지 아니하여도 생활이 어려운 사람의 보호를 위하여 보건복지부장관 또는 소관 중앙행정기관의 장이 정하는 급여의 결정에 관한 사항

    3. 법 제23조 제1항에 따른 연간조사계획에 관한 사항

    4. 법 제43조 제5항에 따라 해당 시·군·구가 실시하는 급여에 관한 사항

    5. 제26조의2부터 제26조의7까지의 규정에 따른 자활기금의 설치·운용에 관한 사항

    6. 제37조 제1항에 따른 자활지원계획에 관한 사항

    7. 보장비용 징수 제외 및 결정, 금품의 반환·징수·감면 관련 사항 및 결손처분 관련 사항

    8. 그 밖에 시장·군수·구청장이 회의에 부치는 사항

※ **위원의 임기와 직무**〈시행령 제30조〉

① 중앙생활보장위원회 및 지방생활보장위원회(이하 "각 위원회"라 한다) 위원 중 위촉위원의 임기는 2년으로 한다.

② 각 위원회의 위원장은 해당 위원회를 대표하고, 그 위원회의 사무를 총괄한다.

③ 각 위원회의 부위원장은 위원장을 보좌하며, 위원장이 부득이한 사유로 직무를 수행할 수 없는 경우에는 그 직무를 대행한다.

※ **위원의 해촉**〈시행령 제30조의2〉… 보건복지부장관은 법 제20조 제3항 제1호 또는 제2호 및 이 영 제27조의2 제3항 제2호에 따라 위촉된 위원이 다음 각 호의 어느 하나에 해당하는 경우에는 해촉(解囑)할 수 있다.

1. 심신장애로 인하여 직무를 수행할 수 없게 된 경우

2. 직무와 관련된 비위사실이 있는 경우

3. 직무태만, 품위손상이나 그 밖의 사유로 인하여 위원으로 적합하지 아니하다고 인정되는 경우

4. 위원 스스로 직무를 수행하는 것이 곤란하다고 의사를 밝히는 경우

※ **회의 및 의사**〈시행령 제31조〉
　① 각 위원회의 위원장은 해당 위원회의 회의를 소집하고 그 회의의 의장이 된다.
　② 각 위원회의 위원장은 재적위원 3분의 1 이상으로부터 회의 소집의 요청을 받은 경우에는 지체 없이 회의를 소집하여야 한다.
　③ 각 위원회의 회의는 재적위원 과반수의 출석과 출석위원 과반수의 찬성으로 의결한다.

※ **의견의 청취**〈시행령 제32조〉 ··· 각 위원회의 위원장은 해당 위원회의 심의사항과 관련하여 필요하다고 인정할 경우 전문가 또는 관계인 등을 출석시켜 의견을 들을 수 있다.

※ **간사**〈시행령 제33조〉
　① 각 위원회의 서무를 처리하기 위하여 각 위원회에 간사 1명을 두며, 간사는 각 위원회를 두는 기관의 장이 소속 공무원 중에서 임명한다.
　② 제1항에 따른 간사는 각 위원회에 출석하여 의견을 진술할 수 있다.

※ **수당과 여비**〈시행령 제34조〉 ··· 각 위원회에 출석한 위원·전문가·관계인 등에게 예산의 범위에서 수당과 여비를 지급할 수 있다. 다만, 공무원인 위원이 소관 업무와 관련하여 출석하는 경우에는 그러하지 아니하다.

※ **운영 규정**〈시행령 제35조〉 ··· 이 영에서 정하는 사항 외에 각 위원회 및 그 소위원회의 구성·운영 등에 필요한 사항은 해당 각 위원회의 의결을 거쳐 각 위원회의 위원장이 정한다.

---

❸ 기초생활보장 계획의 수립 및 평가〈법 제20조의2〉

① 소관 중앙행정기관의 장은 수급자의 최저생활을 보장하기 위하여 3년마다 소관별로 기초생활보장 기본계획을 수립하여 보건복지부장관에게 제출하여야 한다.

② 보건복지부장관 및 소관 중앙행정기관의 장은 제4항에 따른 실태조사 결과를 고려하여 급여기준의 적정성 등에 대한 평가를 실시할 수 있으며, 이와 관련하여 전문적인 조사·연구 등을 「공공기관의 운영에 관한 법률」에 따른 공공기관 또는 민간 법인·단체 등에 위탁할 수 있다.

③ 보건복지부장관은 제1항에 따른 기초생활보장 기본계획 및 제2항에 따른 평가결과를 종합하여 기초생활보장 종합계획을 수립하여 중앙생활보장위원회의 심의를 받아야 한다.

④ 보건복지부장관은 수급권자, 수급자 및 차상위계층 등의 규모·생활실태 파악, 최저생계비 계측 등을 위하여 3년마다 실태조사를 실시·공표하여야 한다.

⑤ 보건복지부장관 및 소관 중앙행정기관의 장은 관계 행정기관, 지방자치단체, 「공공기관의 운영에 관한 법률」에 따른 공공기관 등에 대하여 평가에 관한 의견 또는 자료의 제출을 요구할 수 있다. 이 경우 관계 행정기관 등은 특별한 사유가 없으면 이에 따라야 한다.

보장기관

1 「국민기초생활보장법」에 따른 보장기관에 대한 설명으로 옳지 않은 것은?

① 이 법에 따른 급여는 수급권자 또는 수급자의 거주지를 관할하는 시·도지사와 시장·군수·구청장이 실시한다.

② 주거가 일정하지 아니한 경우에는 수급권자 또는 수급자가 실제 거주하는 지역을 관할하는 시장·군수·구청장이 실시한다.

③ 보건복지부장관, 소관 중앙행정기관의 장과 시·도지사는 수급자를 각각 국가나 해당 지방자치단체가 경영하는 보장시설에 입소하게 하거나 다른 보장시설에 위탁하여 급여를 실시할 수 있다.

④ 수급권자나 수급자가 거주지를 변경하는 경우의 처리방법과 보장기관 간의 협조, 그 밖에 업무처리에 필요한 사항은 대통령령으로 정한다.

> **NOTE** ④ 수급권자나 수급자가 거주지를 변경하는 경우의 처리방법과 보장기관 간의 협조, 그 밖에 업무처리에 필요한 사항은 보건복지부령으로 정한다〈「국민기초생활보장법」 제19조(보장기관) 제3항〉.

2 생활보장사업의 기획·조사·실시 등에 관한 사항을 심의·의결하기 위하여 보건복지부와 시·도 및 시·군·구(자치구를 말한다)에 각각 생활보장위원회를 둔다. 이때 보건복지부에 두는 생활보장위원회인 중앙생활보장위원회에서 심의·의결하는 사항이 아닌 것은?

① 기초생활보장 종합계획의 수립

② 소득인정액 산정방식과 기준 중위소득의 결정

③ 급여의 종류별 수급자 선정기준과 최고보장수준의 결정

④ 급여의 종류별 누락·중복, 차상위계층의 지원사업 등에 대한 조정

NOTE 중앙생활보장위원회의 심의·의결 사항〈「국민기초생활보장법」 제20조(생활보장위원회) 제2항〉··· 보건복지부에 두는 생활보장위원회는 다음 각 호의 사항을 심의·의결한다.

1. 제20조의2 제3항에 따른 기초생활보장 종합계획의 수립
2. 소득인정액 산정방식과 기준 중위소득의 결정
3. 급여의 종류별 수급자 선정기준과 최저보장수준의 결정
4. 제20조의2 제2항 및 제4항에 따른 급여기준의 적정성 등 평가 및 실태조사에 관한 사항
5. 급여의 종류별 누락·중복, 차상위계층의 지원사업 등에 대한 조정
6. 제18조의7에 따른 자활기금의 적립·관리 및 사용에 관한 지침의 수립
7. 그 밖에 위원장이 회의에 부치는 사항

3 중앙생활보장위원회는 위원장을 포함하여 몇 명 이내로 구성하는가?

① 12명 ② 14명
③ 16명 ④ 18명

NOTE 중앙생활보장위원회는 위원장을 포함하여 16명 이내의 위원으로 구성하고 위원은 보건복지부장관이 다음 각 호의 어느 하나에 해당하는 사람 중에서 위촉·지명하며 위원장은 보건복지부장관으로 한다〈「국민기초생활보장법」 제20조(생활보장위원회) 제3항〉.

1. 공공부조 또는 사회복지와 관련된 학문을 전공한 전문가로서 대학의 조교수 이상인 사람 또는 연구기관의 연구원으로 재직 중인 사람 5명 이내
2. 공익을 대표하는 사람 5명 이내
3. 관계 행정기관 소속 3급 이상 공무원 또는 고위공무원단에 속하는 일반직공무원 5명 이내

4 중앙생활보장위원회의 위원장은?

① 대통령 ② 국무총리
③ 보건복지부장관 ④ 보건복지부차관

NOTE 중앙생활보장위원회의 위원장은 보건복지부장관으로 한다.

○ **Answer** ○
1.④ 2.③ 3.③ 4.③

5 시·도 및 시·군·구 생활보장위원회의 위원으로 위촉·지명할 수 있는 사람이 아닌 것은?

① 사회보장에 관한 학식과 경험이 있는 사람

② 지역을 대표하는 사람

③ 공익을 대표하는 사람

④ 관계 행정기관 소속 공무원

> **NOTE** 시·도 및 시·군·구 생활보장위원회의 위원은 시·도지사 또는 시장·군수·구청장이 다음 각 호의 어느 하나에 해당하는 사람 중에서 위촉·지명하며 위원장은 해당 시·도지사 또는 시장·군수·구청장으로 한다〈「국민기초생활보장법」 제20조(생활보장위원회) 제4항 전단〉.
> 1. 사회보장에 관한 학식과 경험이 있는 사람
> 2. 공익을 대표하는 사람
> 3. 관계 행정기관 소속 공무원

6 다음 중 중앙생활보장위원회 위원 중 관계 행정기관 소속 공무원으로 하는 사람으로 잘못된 것은?

① 기획재정부 제1차관   ② 교육부 차관

③ 고용노동부 차관   ④ 국토교통부 제1차관

> **NOTE** 위원 중 관계 행정기관 소속 공무원은 다음 각 호의 사람으로 한다〈「국민기초생활보장법 시행령」 제27조(중앙생활보장위원회의 조직 및 구성) 제3항〉.
> 1. 기획재정부 제2차관
> 2. 교육부 차관
> 3. 행정안전부 차관
> 4. 고용노동부 차관
> 5. 국토교통부 제1차관

7 중앙생활보장위원회에 상정할 안건의 효율적인 검토를 위하여 필요한 경우에는 중앙생활보장위원회에 분야별로 소위원회를 구성·운영할 수 있다. 이때 소위원회는 위원장을 포함하여 몇 명으로 구성하는가?

① 11명   ② 12명

③ 13명   ④ 14명

NOTE 분야별 소위원회는 소위원회 위원장을 포함하여 13명 이내의 위원으로 구성하며, 소위원회 위원장은 중앙생활보장위원회 위원장(이하 "위원장"이라 한다. 이하 이 조에서 같다)이 위원 중에서 지명한다〈「국민기초생활보장법 시행령」제27조의2(소위원회) 제2항〉.

8 지방생활보장위원회 중 시·도에 두는 지방생활보장위원회에서 심의·의결하는 사항으로 옳지 않은 것은?

① 시·도의 생활보장사업 기본방향 및 시행계획의 수립에 관한 사항

② 시·도가 실시하는 급여에 관한 사항

③ 자활기금의 설치·운용에 관한 사항

④ 보장비용 징수 제외 및 결정, 금품의 반환·징수·감면 관련 사항 및 결손처분 관련 사항

NOTE ④는 시·군·구에 두는 지방생활보장위원회의 심의·의결사항에 해당한다.
※ 지방생활보장위원회의 기능〈「국민기초생활보장법 시행령」제29조〉
  ① 시·도에 두는 지방생활보장위원회는 다음 각 호의 사항을 심의·의결한다.
    1. 시·도의 생활보장사업 기본방향 및 시행계획의 수립에 관한 사항
    2. 법 제43조 제5항에 따라 해당 시·도가 실시하는 급여에 관한 사항
    3. 제26조의2부터 제26조의7까지의 규정에 따른 자활기금의 설치·운용에 관한 사항
    4. 제37조 제2항에 따른 자활지원계획에 관한 사항
    5. 그 밖에 시·도지사가 회의에 부치는 사항
  ② 시·군·구에 두는 지방생활보장위원회는 다음 각 호의 사항을 심의·의결한다.
    1. 시·군·구의 생활보장사업 기본방향 및 시행계획의 수립에 관한 사항
    2. 법 제14조의2에 따라 법 제7조 제1항 각 호의 급여를 받을 자격이 있는 수급권자에 해당하지 아니하여도 생활이 어려운 사람의 보호를 위하여 보건복지부장관 또는 소관 중앙행정기관의 장이 정하는 급여의 결정에 관한 사항
    3. 법 제23조 제1항에 따른 연간조사계획에 관한 사항
    4. 법 제43조 제5항에 따라 해당 시·군·구가 실시하는 급여에 관한 사항
    5. 제26조의2부터 제26조의7까지의 규정에 따른 자활기금의 설치·운용에 관한 사항
    6. 제37조 제1항에 따른 자활지원계획에 관한 사항
    7. 보장비용 징수 제외 및 결정, 금품의 반환·징수·감면 관련 사항 및 결손처분 관련 사항
    8. 그 밖에 시장·군수·구청장이 회의에 부치는 사항

Answer
5.② 6.① 7.③ 8.④

9 공익을 대표하는 사람으로서 중앙생활보장위원회 위원으로 위촉된 甲을 해촉할 수 있는 경우가
아닌 것은?

① 甲이 심신장애로 인하여 직무를 수행할 수 없게 된 경우
② 甲이 직무와 관련하여 비위(非違)를 저지른 경우
③ 甲이 위원으로서 품위를 손상시켜 적합하지 아니하다고 인정되는 경우
④ 위원장이 甲이 직무를 수행하는 것이 곤란하다고 의사를 밝힌 경우

> **NOTE** 위원의 해촉〈「국민기초생활보장법 시행령」제30조의2〉··· 보건복지부장관은 법 제20조 제3항 제1
> 호 또는 제2호 및 이 영 제27조의2 제3항 제2호에 따라 위촉된 위원이 다음 각 호의 어느 하나에
> 해당하는 경우에는 해촉(解囑)할 수 있다.
> 1. 심신장애로 인하여 직무를 수행할 수 없게 된 경우
> 2. 직무와 관련된 비위사실이 있는 경우
> 3. 직무태만, 품위손상이나 그 밖의 사유로 인하여 위원으로 적합하지 아니하다고 인정되는 경우
> 4. 위원 스스로 직무를 수행하는 것이 곤란하다고 의사를 밝히는 경우

10 보건복지부장관은 수급권자, 수급자 및 차상위계층 등의 규모 · 생활실태 파악, 최저생계비 계측
등을 위하여 몇 년마다 실태조사를 실시 · 공표하는가?

① 1년   ② 2년
③ 3년   ④ 5년

> **NOTE** 보건복지부장관은 수급권자, 수급자 및 차상위계층 등의 규모 · 생활실태 파악, 최저생계비 계측 등
> 을 위하여 3년마다 실태조사를 실시 · 공표하여야 한다〈「국민기초생보장법」제20조의2(기초생활보
> 장 계획의 수립 및 평가) 제4항〉.

—○ **Answer** ○—

9.④ 10.③

05 급여의 실시

❶ 급여의 신청〈법 제21조〉

① 수급권자와 그 친족, 그 밖의 관계인은 관할 시장 · 군수 · 구청장에게 수급권자에 대한 급여를 신청할 수 있다. 차상위자가 급여를 신청하려는 경우에도 같으며, 이 경우 신청방법과 절차 및 조사 등에 관하여는 제2항부터 제5항까지, 제22조, 제23조 및 제23조의2를 준용한다.

② 사회복지 전담공무원은 이 법에 따른 급여를 필요로 하는 사람이 누락되지 아니하도록 하기 위하여 관할지역에 거주하는 수급권자에 대한 급여를 직권으로 신청할 수 있다. 이 경우 수급권자의 동의를 구하여야 하며 수급권자의 동의는 수급권자의 신청으로 볼 수 있다.

③ 제1항에 따라 급여신청을 할 때나 제2항에 따라 사회복지 전담공무원이 급여신청을 하는 것에 수급권자가 동의하였을 때에는 수급권자와 부양의무자는 다음 각 호의 자료 또는 정보의 제공에 대하여 동의한다는 서면을 제출하여야 한다.

1. 「금융실명거래 및 비밀보장에 관한 법률」 제2조 제2호 및 제3호에 따른 금융자산 및 금융거래의 내용에 대한 자료 또는 정보 중 예금의 평균잔액과 그 밖에 대통령령으로 정하는 자료 또는 정보(이하 "금융정보"라 한다)

2. 「신용정보의 이용 및 보호에 관한 법률」 제2조 제1호에 따른 신용정보 중 채무액과 그 밖에 대통령령으로 정하는 자료 또는 정보(이하 "신용정보"라 한다)

3. 「보험업법」 제4조 제1항 각 호에 따른 보험에 가입하여 낸 보험료와 그 밖에 대통령령으로 정하는 자료 또는 정보(이하 "보험정보"라 한다)

④ 제1항에 따라 수급권자 등이 급여를 신청할 경우 사회복지 전담공무원은 신청한 사람이 급여에 관한 정보의 부족 등으로 불리한 입장에 놓이지 아니하도록 수급권자의 선정기준, 급여의 내용 및 신청방법 등을 알기 쉽게 설명하여야 한다.

⑤ 시장·군수·구청장은 신청자에게 급여 신청의 철회나 포기를 유도하는 행위를 하여서는 아니 된다.

⑥ 제1항 및 제2항에 따른 급여의 신청 방법 및 절차 등에 관하여 필요한 사항은 보건복지부령으로 정한다.

⑦ 제3항에 따른 동의의 방법·절차 등에 관하여 필요한 사항은 대통령령으로 정한다.

2 신청에 의한 조사〈법 제22조〉

① 시장·군수·구청장은 제21조에 따른 급여신청이 있는 경우에는 사회복지 전담공무원으로 하여금 급여의 결정 및 실시 등에 필요한 다음 각 호의 사항을 조사하게 하거나 수급권자에게 보장기관이 지정하는 의료기관에서 검진을 받게 할 수 있다.

   1. 부양의무자의 유무 및 부양능력 등 부양의무자와 관련된 사항

   2. 수급권자 및 부양의무자의 소득·재산에 관한 사항

   3. 수급권자의 근로능력, 취업상태, 자활욕구 등 제28조에 따른 자활지원계획 수립에 필요한 사항

   4. 그 밖에 수급권자의 건강상태, 가구 특성 등 생활실태에 관한 사항

② 시장·군수·구청장은 제1항에 따라 신청한 수급권자 또는 그 부양의무자의 소득, 재산 및 건강상태 등을 확인하기 위하여 필요한 자료를 확보하기 곤란한 경우 보건복지부령으로 정하는 바에 따라 수급권자 또는 부양의무자에게 필요한 자료의 제출을 요구할 수 있다.

③ 시장·군수·구청장은 급여의 결정 또는 실시 등을 위하여 필요한 경우에는 제1항 각 호의 조사를 관계 기관에 위촉하거나 수급권자 또는 그 부양의무자의 고용주, 그 밖의 관계인에게 이에 관한 자료의 제출을 요청할 수 있다.

④ 보장기관이 제1항 각 호의 조사를 하기 위하여 금융·국세·지방세·토지·건물·자동차·건강보험·국민연금·고용보험·출입국·병무·교정 등 관련 전산망 또는 자료를 이용하려는 경우에는 관계 기관의 장에게 협조를 요청할 수 있다. 이 경우 관계 기관의 장은 정당한 사유가 없으면 협조하여야 한다.

⑤ 제1항에 따라 조사를 하는 사회복지 전담공무원은 그 권한을 표시하는 증표 및 조사기간, 조사범위, 조사담당자, 관계 법령 등 보건복지부령으로 정하는 사항이 기재된 서류를 지니고 이를 관계인에게 보여주어야 한다.

⑥ 보장기관의 공무원 또는 공무원이었던 사람은 제1항부터 제4항까지의 규정에 따라 얻은 정보와 자료를 이 법에서 정한 보장목적 외에 다른 용도로 사용하거나 다른 사람 또는 기관에 제공하여서는 아니 된다.

⑦ 보장기관은 제1항부터 제4항까지의 규정에 따른 조사 결과를 대장으로 작성하여 갖추어 두어야 하며 그 밖에 조사에 필요한 사항은 보건복지부장관이 정한다. 다만, 전산정보처리 조직에 의하여 관리되는 경우에는 전산 파일로 대체할 수 있다.

⑧ 보장기관은 수급권자 또는 부양의무자가 제1항 및 제2항에 따른 조사 또는 자료제출 요구를 2회 이상 거부·방해 또는 기피하거나 검진 지시에 따르지 아니하면 급여신청을 각하(却下)할 수 있다. 이 경우 제29조 제2항을 준용한다.

⑨ 제1항에 따른 조사의 내용·절차·방법 등에 관하여 이 법에서 정하는 사항을 제외하고는 「행정조사기본법」에서 정하는 바를 따른다.

❸ 확인조사〈법 제23조〉

① 시장·군수·구청장은 수급자 및 수급자에 대한 급여의 적정성을 확인하기 위하여 매년 연간 조사계획을 수립하고 관할구역의 수급자를 대상으로 제22조 제1항 각 호의 사항을 매년 1회 이상 정기적으로 조사하여야 하며, 특히 필요하다고 인정하는 경우에는 보장기관이 지정하는 의료기관에서 검진을 받게 할 수 있다. 다만, 보건복지부장관이 정하는 사항은 분기마다 조사하여야 한다.

② 수급자의 자료제출, 조사의 위촉, 관련 전산망의 이용, 그 밖에 확인조사를 위하여 필요한 사항에 관하여는 제22조 제2항부터 제7항까지의 규정을 준용한다.

③ 보장기관은 수급자 또는 부양의무자가 제1항에 따른 조사나 제2항에 따라 준용되는 제22조 제2항에 따른 자료제출 요구를 2회 이상 거부·방해 또는 기피하거나 검진 지시에 따르지 아니하면 수급자에 대한 급여 결정을 취소하거나 급여를 정지 또는 중지할 수 있다. 이 경우 제29조 제2항을 준용한다.

④ 차상위계층에 대한 조사〈법 제24조〉

① 시장·군수·구청장은 급여의 종류별 수급자 선정기준의 변경 등에 의하여 수급권자의 범위가 변동함에 따라 다음 연도에 이 법에 따른 급여가 필요할 것으로 예측되는 수급권자의 규모를 조사하기 위하여 보건복지부령으로 정하는 바에 따라 차상위계층에 대하여 조사할 수 있다.

② 시장·군수·구청장은 제1항에 따른 조사를 하려는 경우 조사대상자의 동의를 받아야 한다. 이 경우 조사대상자의 동의는 다음 연도의 급여신청으로 본다.

③ 조사대상자의 자료제출, 조사의 위촉, 관련 전산망의 이용, 그 밖에 차상위계층에 대한 조사를 위하여 필요한 사항에 관하여는 제22조 제2항부터 제7항까지의 규정을 준용한다.

⑤ 조사 결과의 보고 등〈법 제25조〉

제22조, 제23조, 제23조의2 및 제24조에 따라 시장·군수·구청장이 수급권자, 수급자, 부양의무자 및 차상위계층을 조사하였을 때에는 보건복지부령으로 정하는 바에 따라 관할 시·도지사에게 보고하여야 하며 보고를 받은 시·도지사는 이를 보건복지부장관 및 소관 중앙행정기관의 장에게 보고하여야 한다. 시·도지사가 조사하였을 때에도 또한 같다.

⑥ 급여의 결정 등〈법 제26조〉

① 시장·군수·구청장은 제22조에 따라 조사를 하였을 때에는 지체 없이 급여 실시 여부와 급여의 내용을 결정하여야 한다.

② 제24조에 따라 차상위계층을 조사한 시장·군수·구청장은 제27조 제1항 단서에 규정된 급여개시일이 속하는 달에 급여 실시 여부와 급여 내용을 결정하여야 한다.

③ 시장·군수·구청장은 제1항 및 제2항에 따라 급여 실시 여부와 급여 내용을 결정하였을 때에는 그 결정의 요지, 급여의 종류·방법 및 급여의 개시 시기 등을 서면으로 수급권자 또는 신청인에게 통지하여야 한다.

④ 신청인에 대한 제3항의 통지는 제21조에 따른 급여의 신청일부터 30일 이내에 하여야 한다. 다만, 다음 각 호의 어느 하나에 해당하는 경우에는 신청일부터 60일 이내에 통지할 수 있다. 이 경우 통지서에 그 사유를 구체적으로 밝혀야 한다.

  1. 부양의무자의 소득·재산 등의 조사에 시일이 걸리는 특별한 사유가 있는 경우

  2. 수급권자 또는 부양의무자가 제22조 제1항·제2항 및 관계 법률에 따른 조사나 자료제출 요구를 거부·방해 또는 기피하는 경우

7 급여의 실시 등〈법 제27조〉

① 제26조 제1항에 따라 급여 실시 및 급여 내용이 결정된 수급자에 대한 급여는 제21조에 따른 급여의 신청일부터 시작한다. 다만, 제6조에 따라 보건복지부장관 또는 소관중앙행정기관의 장이 매년 결정·공표하는 급여의 종류별 수급자 선정기준의 변경으로 인하여 매년 1월에 새로 수급자로 결정되는 사람에 대한 급여는 해당 연도의 1월 1일을 그 급여개시일로 한다.

② 시장·군수·구청장은 제26조 제1항에 따른 급여 실시 여부의 결정을 하기 전이라도 수급권자에게 급여를 실시하여야 할 긴급한 필요가 있다고 인정할 때에는 제7조 제1항 각 호에 규정된 급여의 일부를 실시할 수 있다.

8 급여의 지급방법 등〈법 제27조의 2〉

① 보장기관이 급여를 금전으로 지급할 때에는 수급자의 신청에 따라 수급자 명의의 지정된 계좌(이하 "급여수급계좌"라 한다)로 입금하여야 한다. 다만, 정보통신장애나 그 밖에 대통령령으로 정하는 불가피한 사유로 급여수급계좌로 이체할 수 없을 때에는 대통령령으로 정하는 바에 따라 급여를 지급할 수 있다.

② 급여수급계좌의 해당 금융기관은 이 법에 따른 급여와 제4조 제4항에 따라 지방자치단체가 실시하는 급여만이 급여수급계좌에 입금되도록 관리하여야 한다.

③ 제1항에 따른 계좌 입금이나 현금 지급 등의 방법·절차와 제2항에 따른 급여수급계좌의 관리에 필요한 사항은 대통령령으로 정한다.

9 **급여의 대리수령 등〈법 제27조의 3〉**

① 보장기관은 수급자가 다음 각 호의 어느 하나에 해당하는 경우에는 제27조의2 제1항 본문에도 불구하고 수급자 또는 후견인의 동의를 받아 급여를 수급자의 배우자, 직계혈족 또는 3촌 이내의 방계혈족(이하 "배우자등"이라 한다) 명의의 계좌에 입금할 수 있다.

　　1. 피성년후견인인 경우

　　2. 채무불이행으로 금전채권이 압류된 경우

　　3. 그 밖에 대통령령으로 정하는 사유로 본인 명의의 계좌를 개설하기 어려운 경우

② 제1항에 따라 배우자등 명의의 계좌로 급여를 지급하려는 보장기관은 미리 그 사유, 입금할 급여의 사용 목적 및 다른 용도 사용금지 등에 관한 사항을 배우자등에게 안내하여야 한다.

③ 제1항에 따라 급여를 지급받은 배우자등은 해당 급여를 목적 외의 용도로 사용하여서는 아니 된다.

④ 제1항에 따른 배우자등에 대한 급여 지급 절차 및 방법 등에 필요한 사항은 대통령령으로 정한다.

10 **자활지원계획의 수립〈법 제28조〉**

① 시장·군수·구청장은 수급자의 자활을 체계적으로 지원하기 위하여 보건복지부장관이 정하는 바에 따라 제22조, 제23조, 제23조의2 및 제24조에 따른 조사 결과를 고려하여 수급자 가구별로 자활지원계획을 수립하고 그에 따라 이 법에 따른 급여를 실시하여야 한다.

② 보장기관은 수급자의 자활을 위하여 필요한 경우에는 「사회복지사업법」 등 다른 법률에 따라 보장기관이 제공할 수 있는 급여가 있거나 민간기관 등이 후원을 제공하는 경우 제1항의 자활지원계획에 따라 급여를 지급하거나 후원을 연계할 수 있다.

③ 시장·군수·구청장은 수급자의 자활여건 변화와 급여 실시 결과를 정기적으로 평가하고 필요한 경우 자활지원계획을 변경할 수 있다.

⑪ 급여의 변경〈법 제29조〉

① 보장기관은 수급자의 소득·재산·근로능력 등이 변동된 경우에는 직권으로 또는 수급자나 그
   친족, 그 밖의 관계인의 신청에 의하여 그에 대한 급여의 종류·방법 등을 변경할 수 있다.

② 제1항에 따른 급여의 변경은 산출 근거 등 이유를 구체적으로 밝혀 서면으로 수급자에게
   통지하여야 한다.

⑫ 급여의 중지 등〈법 제30조〉

① 보장기관은 수급자가 다음 각 호의 어느 하나에 해당하는 경우에는 급여의 전부 또는 일
   부를 중지하여야 한다.

   1. 수급자에 대한 급여의 전부 또는 일부가 필요 없게 된 경우

   2. 수급자가 급여의 전부 또는 일부를 거부한 경우

② 근로능력이 있는 수급자가 제9조 제5항의 조건을 이행하지 아니하는 경우 조건을 이행할
   때까지 제7조 제2항에도 불구하고 근로능력이 있는 수급자 본인의 생계급여의 전부 또는
   일부를 지급하지 아니할 수 있다.

③ 제1항 및 제2항에 따른 급여의 중지 등에 관하여는 제29조 제2항을 준용한다.

⑬ 청문〈법 제31조〉

보장기관은 제16조 제3항에 따라 지역자활센터의 지정을 취소하려는 경우와 제23조 제3항에
따라 급여의 결정을 취소하려는 경우에는 청문을 하여야 한다.

1 수급권자에 대한 급여를 신청할 수 있는 사람으로 가장 거리가 먼 것은?

① 수급권자

② 수급권자의 친족

③ 제3자

④ 관계인

> **NOTE** 수급권자와 그 친족, 그 밖의 관계인은 관할 시장·군수·구청장에게 수급권자에 대한 급여를 신청할 수 있다〈「국민기초생활보장법」 제21조(급여의 신청) 제1항 전단〉.

2 「국민기초생활보장법」에 따른 급여의 신청에 대한 설명으로 옳은 것은?

① 수급권자에 대한 급여는 수급권자 본인만 신청할 수 있다.

② 차상위자의 친족은 차상위자에 대한 급여를 신청할 수 있다.

③ 사회복지 전담공무원은 수급권자에 대한 급여를 직권으로 신청할 수 없다.

④ 시장·군수·구청장은 신청자에게 급여 신청의 철회를 유도할 수 있다.

> **NOTE** ①② 수급권자와 그 친족, 그 밖의 관계인은 관할 시장·군수·구청장에게 수급권자에 대한 급여를 신청할 수 있다. 차상위자가 급여를 신청하려는 경우에도 같으며, 이 경우 신청방법과 절차 및 조사 등에 관하여는 제2항부터 제5항까지, 제22조, 제23조 및 제23조의2를 준용한다〈「국민기초생활보장법」 제21조(급여의 신청) 제1항〉.
> ③ 사회복지 전담공무원은 이 법에 따른 급여를 필요로 하는 사람이 누락되지 아니하도록 하기 위하여 관할지역에 거주하는 수급권자에 대한 급여를 직권으로 신청할 수 있다. 이 경우 수급권자의 동의를 구하여야 하며 수급권자의 동의는 수급권자의 신청으로 볼 수 있다〈「국민기초생활보장법」 제21조(급여의 신청) 제2항〉.
> ④ 시장·군수·구청장은 신청자에게 급여 신청의 철회나 포기를 유도하는 행위를 하여서는 아니 된다〈「국민기초생활보장법」 제21조(급여의 신청) 제5항〉.

3 「국민기초생활보장법」에 따른 급여의 신청 방법 및 절차 등에 관하여 필요한 사항은 무엇으로 정하는가?

① 법률　　　　　　　　　　　　② 대통령령

③ 보건복지부령　　　　　　　　④ 조례

> **NOTE** 급여의 신청 방법 및 절차 등에 관하여 필요한 사항은 보건복지부령으로 정한다〈「국민기초생활보장법」 제21조(급여의 신청) 제6항〉.

4 사회복지 전담공무원이 관할지역에 거주하는 수급권자에 대한 급여를 신청하는 것에 수급권자가 동의하였을 때에는 수급권자와 부양의무자가 자료 또는 정보의 제공에 대하여 동의한다는 서면을 제출하여야 한다. 이때 제공해야 하는 항목이 아닌 것은?

① 금융정보

② 신용정보

③ 보험정보

④ 통신정보

> **NOTE** 제1항에 따라 급여신청을 할 때나 제2항에 따라 사회복지 전담공무원이 급여신청을 하는 것에 수급권자가 동의하였을 때에는 수급권자와 부양의무자는 다음 각 호의 자료 또는 정보의 제공에 대하여 동의한다는 서면을 제출하여야 한다〈「국민기초생활보장법」 제21조(급여의 신청) 제3항〉.
> 1. 「금융실명거래 및 비밀보장에 관한 법률」 제2조 제2호 및 제3호에 따른 금융자산 및 금융거래의 내용에 대한 자료 또는 정보 중 예금의 평균잔액과 그 밖에 대통령령으로 정하는 자료 또는 정보(= 금융정보)
> 2. 「신용정보의 이용 및 보호에 관한 법률」 제2조 제1호에 따른 신용정보 중 채무액과 그 밖에 대통령령으로 정하는 자료 또는 정보(= 신용정보)
> 3. 「보험업법」 제4조 제1항 각 호에 따른 보험에 가입하여 낸 보험료와 그 밖에 대통령령으로 정하는 자료 또는 정보(= 보험정보)

○ **Answer** ○

1.③　2.②　3.③　4.④

5 다음 빈칸에 들어갈 수 있는 내용이 아닌 것은?

> 수급권자 등이 급여를 신청할 경우 사회복지 전담공무원은 신청한 사람이 급여에 관한 정보의 부족 등으로 불리한 입장에 놓이지 아니하도록 (   ), (   ) 및 (   ) 등을 알기 쉽게 설명하여야 한다.

① 신청방법
② 급여의 내용
③ 수급권자의 선정기준
④ 관할지역 수급권자 목록

> **NOTE** 수급권자 등이 급여를 신청할 경우 사회복지 전담공무원은 신청한 사람이 급여에 관한 정보의 부족 등으로 불리한 입장에 놓이지 아니하도록 수급권자의 선정기준, 급여의 내용 및 신청방법 등을 알기 쉽게 설명하여야 한다〈「국민기초생활보장법」 제21조(급여의 신청) 제4항〉.

6 시장·군수·구청장은 급여신청이 있는 경우에는 사회복지 전담공무원으로 하여금 급여의 결정 및 실시 등에 필요한 사항을 조사하게 하거나 수급권자에게 보장기관이 지정하는 의료기관에서 검진을 받게 할 수 있다. 이때 조사하는 사항으로 가장 먼 것은?

① 부양의무자의 유무 및 부양능력
② 수급권자 및 부양의무자의 소득·재산
③ 수급권자의 근로능력 및 취업상태
④ 수급권자 및 부양의무자의 정신상태

> **NOTE** 시장·군수·구청장은 제21조에 따른 급여신청이 있는 경우에는 사회복지 전담공무원으로 하여금 급여의 결정 및 실시 등에 필요한 다음 각 호의 사항을 조사하게 하거나 수급권자에게 보장기관이 지정하는 의료기관에서 검진을 받게 할 수 있다〈「국민기초생활보장법」 제22조(신청에 의한 조사) 제1항〉.
> 1. 부양의무자의 유무 및 부양능력 등 부양의무자와 관련된 사항
> 2. 수급권자 및 부양의무자의 소득·재산에 관한 사항
> 3. 수급권자의 근로능력, 취업상태, 자활욕구 등 제28조에 따른 자활지원계획 수립에 필요한 사항
> 4. 그 밖에 수급권자의 건강상태, 가구 특성 등 생활실태에 관한 사항

7 다음 빈칸에 들어갈 수 있는 내용이 아닌 것은?

> 보장기관이 급여신청에 의한 조사를 하기 위하여 금융 · 국세 · 지방세 · 토지 · 건물 · 자동차 · (　　　) ·
> (　　　) · (　　　) · 출입국 · 병무 · 교정 등 관련 전산망 또는 자료를 이용하려는 경우에는 관계 기
> 관의 장에게 협조를 요청할 수 있다. 이 경우 관계 기관의 장은 정당한 사유가 없으면 협조하여
> 야 한다.

① 국민연금
② 건강보험
③ 고용보험
④ 산재보험

> **NOTE** 보장기관이 제1항 각 호의 조사를 하기 위하여 금융 · 국세 · 지방세 · 토지 · 건물 · 자동차 · 건강보험 · 국민연
> 금 · 고용보험 · 출입국 · 병무 · 교정 등 관련 전산망 또는 자료를 이용하려는 경우에는 관계 기관의 장에
> 게 협조를 요청할 수 있다. 이 경우 관계 기관의 장은 정당한 사유가 없으면 협조하여야 한다〈「
> 국민기초생활보장법」 제22조(신청에 의한 조사) 제4항〉.

8 급여신청에 의한 조사를 하는 사회복지 전담공무원은 그 권한을 표시하는 증표 등 보건복지부
령으로 정하는 사항이 기재된 서류를 지니고 이를 관계인에게 보여주어야 한다. 이때 서류에
기재될 내용으로 볼 수 없는 것은?

① 조사기간   ② 조사범위
③ 조사결과   ④ 조사담당자

> **NOTE** 제1항에 따라 조사를 하는 사회복지 전담공무원은 그 권한을 표시하는 증표 및 조사기간, 조사범
> 위, 조사담당자, 관계 법령 등 보건복지부령으로 정하는 사항이 기재된 서류를 지니고 이를 관계
> 인에게 보여주어야 한다〈「국민기초생활보장법」 제22조(신청에 의한 조사) 제5항〉.

○ **Answer** ○
　　　5.④　6.④　7.④　8.③

9 급여신청에 의한 조사에 대한 설명으로 옳지 않은 것은?

① 보장기관의 공무원 또는 공무원이었던 사람은 조사 중 얻은 정보와 자료를 보장목적 외에 다른 용도로 사용하거나 다른 사람 또는 기관에 제공하여서는 아니 된다.

② 보장기관은 조사 결과를 전산파일로 작성하여 갖추어 두어야 한다.

③ 보장기관은 수급권자 또는 부양의무자가 조사 또는 자료제출 요구를 2회 이상 거부·방해하는 경우 급여신청을 각하할 수 있다.

④ 조사의 내용·절차·방법 등에 관하여 「국민기초생활보장법」에서 정하는 사항을 제외하고는 「행정조사기본법」에서 정하는 바를 따른다.

> **NOTE** ② 보장기관은 규정에 따른 조사 결과를 대장으로 작성하여 갖추어 두어야 하며 그 밖에 조사에 필요한 사항은 보건복지부장관이 정한다. 다만, 전산정보처리조직에 의하여 관리되는 경우에는 전산 파일로 대체할 수 있다〈「국민기초생활보장법」 제22조(신청에 의한 조사) 제7항〉.

10 시장·군수·구청장은 수급자 및 수급자에 대한 급여의 적정성을 확인하기 위하여 매년 연간조사계획을 수립하고 관할구역의 수급자를 대상으로 정기적으로 확인조사를 하여야 한다. 이때 확인조사 실시에 대한 설명으로 옳은 것은?

① 6개월에 1회 이상
② 매년 1회 이상
③ 매년 2회 이상
④ 2년에 1회 이상

> **NOTE** 시장·군수·구청장은 수급자 및 수급자에 대한 급여의 적정성을 확인하기 위하여 매년 연간조사계획을 수립하고 관할구역의 수급자를 대상으로 제22조제1항 각 호의 사항을 매년 1회 이상 정기적으로 조사하여야 하며, 특히 필요하다고 인정하는 경우에는 보장기관이 지정하는 의료기관에서 검진을 받게 할 수 있다. 다만, 보건복지부장관이 정하는 사항은 분기마다 조사하여야 한다〈「국민기초생활보장법」 제23조(확인조사) 제1항〉.

11 「국민기초생활보장법」에 따른 차상위계층에 대한 조사와 관련된 설명으로 옳지 않은 것은?

① 시장·군수·구청장은 수급권자의 범위가 변동함에 따라 다음 연도에 급여가 필요할 것으로 예측되는 수급권자의 규모를 조사하기 위하여 차상위계층에 대하여 조사할 수 있다.

② 시장·군수·구청장은 차상위계층에 대한 조사를 하려는 경우 조사대상자의 동의를 받아야 한다.

③ 조사대상자가 조사에 동의하였더라도 다음 연도의 급여신청으로 볼 수는 없다.

④ 조사대상자의 자료제출, 조사의 위촉, 관련 전산망의 이용, 그 밖에 차상위계층에 대한 조사를 위하여 필요한 사항에 관하여는 수급권자의 급여신청에 대한 조사 규정을 준용한다.

> **NOTE** ③ 시장·군수·구청장은 제1항에 따른 조사를 하려는 경우 조사대상자의 동의를 받아야 한다. 이 경우 조사대상자의 동의는 다음 연도의 급여신청으로 본다〈「국민기초생활보장법」제24조(차상위계층에 대한 조사) 제2항〉.

12 시장·군수·구청장이 수급권자, 수급자, 부양의무자 및 차상위계층을 조사하였을 때에는 누구한 테 보고해야 하는가?

① 시·도지사

② 보건복지부장관

③ 소관 중앙행정기관의 장

④ 국무총리

> **NOTE** 제22조, 제23조, 제23조의2 및 제24조에 따라 시장·군수·구청장이 수급권자, 수급자, 부양의무자 및 차상위계층을 조사하였을 때에는 보건복지부령으로 정하는 바에 따라 관할 시·도지사에게 보고하여야 하며 보고를 받은 시·도지사는 이를 보건복지부장관 및 소관 중앙행정기관의 장에게 보고하여야 한다. 시·도지사가 조사하였을 때에도 또한 같다〈「국민기초생활보장법」제25조(조사 결과의 보고 등)〉.

13 다음은 「국민기초생활보장법」에 따른 급여의 결정에 대한 설명이다. 옳지 않은 것은?

① 시장 · 군수 · 구청장은 신청에 의한 조사를 하였을 때에는 지체 없이 급여 실시 여부와 급여의 내용을 결정하여야 한다.

② 차상위계층을 조사한 시장 · 군수 · 구청장은 급여개시일이 속하는 달에 급여 실시 여부와 급여 내용을 결정하여야 한다.

③ 시장 · 군수 · 구청장은 급여 실시 여부와 급여 내용을 결정하였을 때에는 그 결정의 요지, 급여의 종류 · 방법 및 급여의 개시 시기 등을 구두로 수급권자 또는 신청인에게 통지하여야 한다.

④ 신청인에 대한 통지는 급여의 신청일부터 30일 이내에 하여야 한다. 다만, 일부 경우에는 신청일부터 60일 이내에 통지할 수 있다.

> **NOTE** 급여의 결정〈「국민기초생활보장법」 제26조〉
> ① 시장 · 군수 · 구청장은 제22조에 따라 조사를 하였을 때에는 지체 없이 급여 실시 여부와 급여의 내용을 결정하여야 한다.
> ② 제24조에 따라 차상위계층을 조사한 시장 · 군수 · 구청장은 제27조 제1항 단서에 규정된 급여개시일이 속하는 달에 급여 실시 여부와 급여 내용을 결정하여야 한다.
> ③ 시장 · 군수 · 구청장은 제1항 및 제2항에 따라 급여 실시 여부와 급여 내용을 결정하였을 때에는 그 결정의 요지, 급여의 종류 · 방법 및 급여의 개시 시기 등을 서면으로 수급권자 또는 신청인에게 통지하여야 한다.
> ④ 신청인에 대한 제3항의 통지는 제21조에 따른 급여의 신청일부터 30일 이내에 하여야 한다. 다만, 다음 각 호의 어느 하나에 해당하는 경우에는 신청일부터 60일 이내에 통지할 수 있다. 이 경우 통지서에 그 사유를 구체적으로 밝혀야 한다.
> 1. 부양의무자의 소득 · 재산 등의 조사에 시일이 걸리는 특별한 사유가 있는 경우
> 2. 수급권자 또는 부양의무자가 제22조 제1항 · 제2항 및 관계 법률에 따른 조사나 자료제출 요구를 거부 · 방해 또는 기피하는 경우

14 다음 중 배우자 등의 명의 계좌로 급여의 대리수령이 가능한 경우가 아닌 것은? (단, 수급자 또는 후견인의 동의를 전제로 한다)

① 수급자가 피한정후견인인 경우
② 수급자가 채무불이행으로 금전채권이 압류된 경우
③ 수급자가 치매로 거동이 불가능한 경우
④ 미성년자인 경우로서 법정대리인의 동의를 받기 어려운 경우

> **NOTE** 보장기관은 수급자가 다음 각 호의 어느 하나에 해당하는 경우에는 제27조의2 제1항 본문에도 불구하고 수급자 또는 후견인의 동의를 받아 급여를 수급자의 배우자, 직계혈족 또는 3촌 이내의 방계혈족 명의의 계좌에 입금할 수 있다〈「국민기초생활보장법」 제27조의3(급여의 대리수령 등) 제1항〉.
> 1. 피성년후견인인 경우
> 2. 채무불이행으로 금전채권이 압류된 경우
> 3. 그 밖에 대통령령으로 정하는 사유로 본인 명의의 계좌를 개설하기 어려운 경우
> ※ 「국민기초생활보장법 시행령」 제36조의3(급여의 대리수령 범위 등) 제1항 … 법 제27조의3 제1항 제3호에서 "대통령령으로 정하는 사유"란 다음 각 호의 어느 하나에 해당하는 경우를 말한다.
>   1. 치매 또는 그 밖에 보건복지부장관이 정하는 사유로 거동이 불가능한 경우
>   2. 미성년자인 경우로서 법정대리인의 동의를 받기 어려운 경우

15 다음 빈칸에 들어갈 숫자로 옳은 것은?

> 보장기관은 수급자가 피성년후견인인 경우에는 수급자 또는 후견인의 동의를 받아 급여를 수급자의 배우자, 직계혈족 또는 (   )촌 이내의 방계혈족 명의의 계좌에 입금할 수 있다.

① 3　　　　　　　　　　　　② 4
③ 5　　　　　　　　　　　　④ 6

> **NOTE** 보장기관은 수급자가 다음 각 호의 어느 하나에 해당하는 경우에는 제27조의2 제1항 본문에도 불구하고 수급자 또는 후견인의 동의를 받아 급여를 수급자의 배우자, 직계혈족 또는 3촌 이내의 방계혈족 명의의 계좌에 입금할 수 있다〈「국민기초생활보장법」 제27조의3(급여의 대리수령 등) 제1항〉.
> 1. 피성년후견인인 경우
> 2. 채무불이행으로 금전채권이 압류된 경우
> 3. 그 밖에 대통령령으로 정하는 사유로 본인 명의의 계좌를 개설하기 어려운 경우

---○ **Answer** ○
13.③ 14.① 15.①

16 다음은 「국민기초생활보장법」에 따른 급여의 대리수령 등에 대한 설명이다. 옳지 않은 것은?

① 보장기관은 수급자가 채무불이행으로 금전채권이 압류된 경우 수급자의 동의를 받아 급여를 수급자의 배우자 명의의 계좌에 입금할 수 있다.

② 배우자등 명의의 계좌로 급여를 지급하려는 보장기관은 급여 지급 직후 그 사유, 입금할 급여의 사용 목적 및 다른 용도 사용금지 등에 관한 사항을 배우자등에게 안내하여야 한다.

③ 급여를 지급받은 배우자등은 해당 급여를 목적 외의 용도로 사용하여서는 아니 된다.

④ 배우자등에 대한 급여 지급 절차 및 방법 등에 필요한 사항은 대통령령으로 정한다.

> **NOTE** ② 배우자등 명의의 계좌로 급여를 지급하려는 보장기관은 미리 그 사유, 입금할 급여의 사용 목적 및 다른 용도 사용금지 등에 관한 사항을 배우자등에게 안내하여야 한다〈「국민기초생활보장법」 제27조의3(급여의 대리수령 등) 제2항〉.

17 다음 빈칸에 들어갈 내용으로 옳은 것은?

> 보장기관은 수급자의 자활을 위하여 필요한 경우에는 (   ) 등 다른 법률에 따라 보장기관이 제공할 수 있는 급여가 있거나 민간기관 등이 후원을 제공하는 경우 자활지원계획에 따라 급여를 지급하거나 후원을 연계할 수 있다.

① 「국민연금법」   ② 「국민건강보험법」
③ 「사회복지사업법」   ④ 「긴급복지지원법」

> **NOTE** 보장기관은 수급자의 자활을 위하여 필요한 경우에는 「사회복지사업법」 등 다른 법률에 따라 보장기관이 제공할 수 있는 급여가 있거나 민간기관 등이 후원을 제공하는 경우 제1항의 자활지원계획에 따라 급여를 지급하거나 후원을 연계할 수 있다〈「국민기초생활보장법」 제28조(자활지원계획의 수립) 제2항〉.

18 다음 중 보장기관이 직권으로 급여의 종류 및 방법을 변경할 수 있는 경우가 아닌 것은?

① 수급자의 소득이 변경된 경우　　　② 수급자의 재산이 변경된 경우
③ 수급자의 근로능력이 변경된 경우　④ 수급자의 거주지가 변경된 경우

> **NOTE** 보장기관은 수급자의 소득·재산·근로능력 등이 변동된 경우에는 직권으로 또는 수급자나 그 친족, 그 밖의 관계인의 신청에 의하여 그에 대한 급여의 종류·방법 등을 변경할 수 있다〈「국민기초생활보장법」 제29조(급여의 변경) 제1항〉.

19 「국민기초생활보장법」에 따른 급여의 변경과 중지에 대한 설명이다. 옳지 않은 것은?

① 보장기관은 수급자의 소득·재산·근로능력 등이 변동된 경우에는 직권으로 급여의 종류·방법 등을 변경할 수 있다.
② 급여를 변경할 경우 서면으로 그 이유를 구체적으로 밝혀 수급자에게 통지하여야 한다.
③ 보장기관은 수급자가 급여의 전부 또는 일부를 거부하더라도 급여를 중지하면 아니 된다.
④ 근로능력이 있는 수급자가 자활에 필요한 사업에 참가하기로 한 조건을 이행하지 아니하는 경우 조건을 이행할 때까지 생계급여의 전부 또는 일부를 지급하지 아니할 수 있다.

> **NOTE** 보장기관은 수급자가 다음 각 호의 어느 하나에 해당하는 경우에는 급여의 전부 또는 일부를 중지하여야 한다〈「국민기초생활보장법」 제30조(급여의 중지 등) 제1항〉.
> 1. 수급자에 대한 급여의 전부 또는 일부가 필요 없게 된 경우
> 2. 수급자가 급여의 전부 또는 일부를 거부한 경우

20 다음 중 「국민기초생활보장법」에 따라 보장기관이 청문을 하여야 하는 경우는?

① 지역자활센터를 지정하는 경우　　　② 지역자활센터의 지정을 취소하는 경우
③ 신청에 의해 급여를 결정하는 경우　④ 확인조사에 따라 급여를 정지하는 경우

> **NOTE** 보장기관은 제16조(지역자활센터 등) 제3항에 따라 지역자활센터의 지정을 취소하려는 경우와 제23조(확인조사) 제3항에 따라 급여의 결정을 취소하려는 경우에는 청문을 하여야 한다〈「국민기초생활보장법」 제31조(청문)〉.

Answer

16.② 17.③ 18.④ 19.③ 20.②

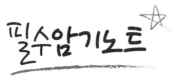

06 보장시설

1 보장시설〈법 제32조〉

이 법에서 "보장시설"이란 제7조에 규정된 급여를 실시하는 「사회복지사업법」에 따른 사회복지시설로서 다음 각 호의 시설 중 보건복지부령으로 정하는 시설을 말한다.

1. 「장애인복지법」 제58조 제1항 제1호의 장애인 거주시설

2. 「노인복지법」 제32조 제1항의 노인주거복지시설 및 같은 법 제34조 제1항의 노인의료복지시설

3. 「아동복지법」 제52조 제1항 및 제2항에 따른 아동복지시설 및 통합 시설

4. 「정신건강증진 및 정신질환자 복지서비스 지원에 관한 법률」 제22조에 따른 정신요양시설 및 같은 법 제26조에 따른 정신재활시설

5. 「노숙인 등의 복지 및 자립지원에 관한 법률」 제16조 제1항 제3호 및 제4호의 노숙인재활시설 및 노숙인요양시설

6. 「가정폭력방지 및 피해자보호 등에 관한 법률」 제7조에 따른 가정폭력피해자 보호시설

7. 「성매매방지 및 피해자보호 등에 관한 법률」 제9조 제1항에 따른 성매매피해자등을 위한 지원시설

8. 「성폭력방지 및 피해자보호 등에 관한 법률」 제12조에 따른 성폭력피해자보호시설

9. 「한부모가족지원법」 제19조 제1항의 한부모가족복지시설

10. 「사회복지사업법」 제2조 제4호의 사회복지시설 중 결핵 및 한센병요양시설

11. 그 밖에 보건복지부령으로 정하는 시설

② 보장시설의 장의 의무〈법 제33조〉

① 보장시설의 장은 보장기관으로부터 수급자에 대한 급여를 위탁받은 경우에는 정당한 사유 없이 이를 거부하여서는 아니 된다.

② 보장시설의 장은 위탁받은 수급자에게 보건복지부장관 및 소관 중앙행정기관의 장이 정하는 최저기준 이상의 급여를 실시하여야 한다.

③ 보장시설의 장은 위탁받은 수급자에게 급여를 실시할 때 성별·신앙 또는 사회적 신분 등을 이유로 차별대우를 하여서는 아니 된다.

④ 보장시설의 장은 위탁받은 수급자에게 급여를 실시할 때 수급자의 자유로운 생활을 보장하여야 한다.

⑤ 보장시설의 장은 위탁받은 수급자에게 종교상의 행위를 강제하여서는 아니 된다.

보장시설

1 다음 중 「국민기초생활보장법」에 따른 보장시설에 해당하지 않는 것은?

① 「아동복지법」에 따른 아동복지시설 및 통합 시설
② 「정신건강증진 및 정신질환자 복지서비스 지원에 관한 법률」에 따른 정신요양시설
③ 「성매매방지 및 피해자보호 등에 관한 법률」에 따른 성매매피해자등을 위한 지원시설
④ 「보호소년 등의 처우에 관한 법률」에 따른 소년의료보호시설

> **NOTE** 보장시설〈「국민기초생활보장법」 제32조〉… 규정된 급여를 실시하는 「사회복지사업법」에 따른 사회복지시설로서 다음 각 호의 시설 중 보건복지부령으로 정하는 시설을 말한다.
> 1. 「장애인복지법」의 장애인 거주시설
> 2. 「노인복지법」의 노인주거복지시설 및 노인의료복지시설
> 3. 「아동복지법」에 따른 아동복지시설 및 통합 시설
> 4. 「정신건강증진 및 정신질환자 복지서비스 지원에 관한 법률」에 따른 정신요양시설 및 정신재활시설
> 5. 「노숙인 등의 복지 및 자립지원에 관한 법률」의 노숙인재활시설 및 노숙인요양시설
> 6. 「가정폭력방지 및 피해자보호 등에 관한 법률」에 따른 가정폭력피해자 보호시설
> 7. 「성매매방지 및 피해자보호 등에 관한 법률」에 따른 성매매피해자등을 위한 지원시설
> 8. 「성폭력방지 및 피해자보호 등에 관한 법률」에 따른 성폭력피해자보호시설
> 9. 「한부모가족지원법」의 한부모가족복지시설
> 10. 「사회복지사업법」의 사회복지시설 중 결핵 및 한센병요양시설
> 11. 그 밖에 보건복지부령으로 정하는 시설

2 다음 중 「국민기초생활보장법」에 따른 보장시설을 모두 고른 것은?

> ㉠ 아동복지시설   ㉡ 다문화가족지원센터
> ㉢ 소년보호시설   ㉣ 가정폭력피해자 보호시설
> ㉤ 한부모가족복지시설   ㉥ 청소년상담복지센터

① ㉠, ㉢, ㉥

② ㉠, ㉣, ㉤

③ ㉡, ㉣, ㉤

④ ㉢, ㉣, ㉥

> **NOTE** ㉡, ㉢, ㉥은 보장시설에 해당하지 않는다.
> ※ 1번 해설 참고

3 다음 중 「국민기초생활보장법」에 따른 보장시설과 직접적으로 관련된 법이라고 보기 어려운 것은?

① 「성폭력방지 및 피해자보호 등에 관한 법률」

② 「가정폭력방지 및 피해자보호 등에 관한 법률」

③ 「아동·청소년의 성보호에 관한 법률」

④ 「정신건강증진 및 정신질환자 복지서비스 지원에 관한 법률」

> **NOTE** ③ 「아동·청소년의 성보호에 관한 법률」은 보장시설과 직접 관련된 법으로 볼 수 없다.
> ※ 1번 해설 참고

○ **Answer** ○

     1.④   2.②   3.③

4 보장시설의 장의 의무에 대한 설명으로 옳지 않은 것은?

① 보장시설의 장은 보장기관으로부터 수급자에 대한 급여를 위탁받은 경우에는 정당한 사유 없이 이를 거부할 수 있다.

② 보장시설의 장은 위탁받은 수급자에게 보건복지부장관 및 소관 중앙행정기관의 장이 정하는 최저기준 이상의 급여를 실시하여야 한다.

③ 보장시설의 장은 위탁받은 수급자에게 급여를 실시할 때 수급자의 자유로운 생활을 보장하여야 한다.

④ 보장시설의 장은 위탁받은 수급자에게 종교상의 행위를 강제하여서는 아니 된다.

> **NOTE** ① 보장시설의 장은 보장기관으로부터 수급자에 대한 급여를 위탁받은 경우에는 정당한 사유 없이 이를 거부하여서는 아니 된다〈「국민기초생활보장법」 제33조(보장시설의 장의 의무) 제1항〉.
> ※ 보장시설의 장의 의무〈「국민기초생활보장법」 제33조〉
> ① 보장시설의 장은 보장기관으로부터 수급자에 대한 급여를 위탁받은 경우에는 정당한 사유 없이 이를 거부하여서는 아니 된다.
> ② 보장시설의 장은 위탁받은 수급자에게 보건복지부장관 및 소관 중앙행정기관의 장이 정하는 최저기준 이상의 급여를 실시하여야 한다.
> ③ 보장시설의 장은 위탁받은 수급자에게 급여를 실시할 때 성별·신앙 또는 사회적 신분 등을 이유로 차별대우를 하여서는 아니 된다.
> ④ 보장시설의 장은 위탁받은 수급자에게 급여를 실시할 때 수급자의 자유로운 생활을 보장하여야 한다.
> ⑤ 보장시설의 장은 위탁받은 수급자에게 종교상의 행위를 강제하여서는 아니 된다.

5 다음 빈칸에 들어갈 내용으로 적절하지 않은 것은?

> 보장시설의 장은 위탁받은 수급자에게 급여를 실시할 때 (   )·(   ) 또는 (   ) 등을 이유로 차별대우를 하여서는 아니 된다.

① 성별
② 신앙
③ 사회적 신분
④ 경제적 신분

> **NOTE** 보장시설의 장은 위탁받은 수급자에게 급여를 실시할 때 성별·신앙 또는 사회적 신분 등을 이유로 차별대우를 하여서는 아니 된다〈「국민기초생활보장법」 제33조(보장시설의 장의 의무) 제3항〉.

◦ **Answer** ◦
4.① 5.④

07 수급권자의 권리와 의무

❶ 급여 변경의 금지〈법 제34조〉

수급자에 대한 급여는 정당한 사유 없이 수급자에게 불리하게 변경할 수 없다.

❷ 압류금지〈법 제35조〉

① 수급자에게 지급된 수급품(제4조 제4항에 따라 지방자치단체가 실시하는 급여를 포함한다)과 이를 받을 권리는 압류할 수 없다.

② 제27조의2 제1항에 따라 지정된 급여수급계좌의 예금에 관한 채권은 압류할 수 없다.

❸ 양도금지〈법 제36조〉

수급자는 급여를 받을 권리를 타인에게 양도할 수 없다.

❹ 신고의 의무〈법 제37조〉

수급자는 거주지역, 세대의 구성 또는 임대차 계약내용이 변동되거나 제22조 제1항 각 호의 사항이 현저하게 변동되었을 때에는 지체 없이 관할 보장기관에 신고하여야 한다.

수급자의 권리와 의무

1 다음은 「국민기초생활보장법」에 따른 수급자의 권리와 의무에 대한 설명이다. 옳지 않은 것은?

① 수급자에 대한 급여는 정당한 사유 없이 수급자에게 불리하게 변경할 수 없다.

② 수급자에게 지급된 수급과 이를 받을 권리는 압류할 수 없다.

③ 지정된 급여수급계좌의 예금에 관한 채권은 압류할 수 없다.

④ 수급자는 급여를 받을 권리를 타인에게 양도할 수 있다.

>**NOTE** ④ 수급자는 급여를 받을 권리를 타인에게 양도할 수 없다〈「국민기초생활보장법」 제36조(양도금지)〉.

2 다음 중 수급권자가 관할 보장기관에 신고하여야 하는 경우가 아닌 것은?

① 거주지역이 변동되었을 때

② 세대의 구성이 변동되었을 때

③ 임대차 계약내용이 변동되었을 때

④ 근로능력이 미세하게 변동되었을 때

>**NOTE** 신고의 의무〈「국민기초생활보장법」 제37조〉 … 수급자는 거주지역, 세대의 구성 또는 임대차 계약 내용이 변동되거나 제22조(신청에 의한 조사) 제1항 각 호의 사항이 현저하게 변동되었을 때에는 지체 없이 관할 보장기관에 신고하여야 한다.

○ **Answer** ○
1.④ 2.④

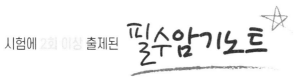

시험에 2회 이상 출제된 **필수암기노트** ⭐

08 이의신청

① 시 · 도지사에 대한 이의신청〈법 제38조〉

① 수급자나 급여 또는 급여 변경을 신청한 사람은 시장 · 군수 · 구청장(제7조 제1항 제4호의 교육급여인 경우에는 시 · 도교육감을 말한다)의 처분에 대하여 이의가 있는 경우에는 그 결정의 통지를 받은 날부터 90일 이내에 해당 보장기관을 거쳐 시 · 도지사(특별자치시장 · 특별자치도지사 및 시 · 도교육감의 처분에 이의가 있는 경우에는 해당 특별자치시장 · 특별자치도지사 및 시 · 도교육감을 말한다)에게 서면 또는 구두로 이의를 신청할 수 있다. 이 경우 구두로 이의신청을 접수한 보장기관의 공무원은 이의신청서를 작성할 수 있도록 협조하여야 한다.

② 제1항에 따른 이의신청을 받은 시장 · 군수 · 구청장은 10일 이내에 의견서와 관계 서류를 첨부하여 시 · 도지사에게 보내야 한다.

② 시 · 도지사의 처분 등〈법 제39조〉

① 시 · 도지사가 제38조 제2항에 따라 시장 · 군수 · 구청장으로부터 이의신청서를 받았을 때(특별자치시장 · 특별자치도지사 및 시 · 도교육감의 경우에는 직접 이의신청을 받았을 때를 말한다)에는 30일 이내에 필요한 심사를 하고 이의신청을 각하 또는 기각하거나 해당 처분을 변경 또는 취소하거나 그 밖에 필요한 급여를 명하여야 한다.

② 시 · 도지사는 제1항에 따른 처분 등을 하였을 때에는 지체 없이 신청인과 해당 시장 · 군수 · 구청장에게 각각 서면으로 통지하여야 한다.

3 보건복지부장관 등에 대한 이의신청〈법 제40조〉

① 제39조에 따른 처분 등에 대하여 이의가 있는 사람은 그 처분 등의 통지를 받은 날부터 90일 이내에 시·도지사를 거쳐 보건복지부장관(제7조 제1항 제2호 또는 제4호의 주거급여 또는 교육급여인 경우에는 소관 중앙행정기관의 장을 말하며, 보건복지부장관에게 한 이의신청은 소관 중앙행정기관의 장에게 한 것으로 본다)에게 서면 또는 구두로 이의를 신청할 수 있다. 이 경우 구두로 이의신청을 접수한 보장기관의 공무원은 이의신청서를 작성할 수 있도록 협조하여야 한다.

② 시·도지사는 제1항에 따른 이의신청을 받으면 10일 이내에 의견서와 관계 서류를 첨부하여 보건복지부장관 또는 소관 중앙행정기관의 장(제7조 제1항 제2호 또는 제4호의 주거급여 또는 교육급여인 경우에 한정한다)에게 보내야 한다.

③ 제1항 및 제2항에 규정된 사항 외에 이의신청의 방법 등은 대통령령으로 정한다.

※ **이의신청의 방법 등**〈시행령 제38조의2〉
　① 법 제40조에 따라 이의신청을 하려는 사람은 다음 각 호의 사항을 적은 이의신청서를 직접 또는 담당 공무원의 협조를 받아 작성하여 증명서류를 첨부하여 시·도지사에게 제출하여야 한다.
　　1. 신청인의 성명 및 주소와 연락처
　　2. 처분 등의 통지를 받은 연월일
　　3. 처분 등의 내용 및 통지 사항
　　4. 이의신청 사유
　② 이의신청을 하려는 사람이 법 제7조제1항제1호부터 제4호까지 및 제7호의 급여 중 둘 이상의 급여를 신청하거나 받는 사람에 해당하는 경우에는 법 제7조에 따른 급여 종류별 선정기준이 가장 낮은 급여를 소관하는 중앙행정기관의 장에게 신청하여야 한다. 이 경우 이의신청을 받은 중앙행정기관의 장은 관련 급여를 소관하는 중앙행정기관의 장의 의견을 들을 수 있다.

---

4 이의신청의 결정 및 통지〈법 제41조〉

① 보건복지부장관 또는 소관 중앙행정기관의 장은 제40조 제2항에 따라 이의신청서를 받았을 때에는 30일 이내에 필요한 심사를 하고 이의신청을 각하 또는 기각하거나 해당 처분의 변경 또는 취소의 결정을 하여야 한다.

② 보건복지부장관 또는 소관 중앙행정기관의 장은 제1항에 따른 결정을 하였을 때에는 지체
  없이 시·도지사 및 신청인에게 각각 서면으로 결정 내용을 통지하여야 한다. 이 경우 소관
  중앙행정기관의 장이 결정 내용을 통지하는 때에는 그 사실을 보건복지부장관에게 알려야
  한다.

1 수급자나 급여 또는 급여 변경을 신청한 사람이 시장·군수·구청장의 처분에 대하여 이의가 있는 경우에 그 결정의 통지를 받은 날로부터 며칠 이내에 이의를 신청해야 하는가?

① 30일 ② 60일

③ 90일 ④ 120일

> **NOTE** 수급자나 급여 또는 급여 변경을 신청한 사람은 시장·군수·구청장의 처분에 대하여 이의가 있는 경우에는 그 결정의 통지를 받은 날부터 90일 이내에 해당 보장기관을 거쳐 시·도지사에게 서면 또는 구두로 이의를 신청할 수 있다〈「국민기초생활보장법」 제38조(시·도지사에 대한 이의신청) 제1항 전단〉.

2 「국민기초생활보장법」에 따른 시·도지사에 대한 이의신청에 대한 설명으로 옳지 않은 것은?

① 급여를 신청한 수급자는 시장·군수·구청장의 처분에 대하여 이의가 있을 경우 이의를 신청할 수 있다.

② 급여의 변경을 신청한 사람이 처분에 이의가 있는 경우 그 결정의 통지를 받은 날로부터 90일 이내에 이의를 신청해야 한다.

③ 이의의 신청은 보장기관을 거쳐 보건복지부장관에게 신청할 수 있다.

④ 이의의 신청은 서면 또는 구두로 신청할 수 있다.

> **NOTE** 수급자나 급여 또는 급여 변경을 신청한 사람은 시장·군수·구청장의 처분에 대하여 이의가 있는 경우에는 그 결정의 통지를 받은 날부터 90일 이내에 해당 보장기관을 거쳐 시·도지사에게 서면 또는 구두로 이의를 신청할 수 있다. 이 경우 구두로 이의신청을 접수한 보장기관의 공무원은 이의신청서를 작성할 수 있도록 협조하여야 한다〈「국민기초생활보장법」 제38조(시·도지사에 대한 이의신청) 제1항〉.

3 수급자나 급여 또는 급여 변경을 신청한 사람으로부터 이의신청을 받은 시장·군수·구청장은 의견서와 관계 서류를 첨부하여 며칠 이내에 시·도지사에게 보내야 하는가?

① 5일   ② 7일

③ 10일   ④ 14일

> **NOTE** 이의신청을 받은 시장·군수·구청장은 10일 이내에 의견서와 관계 서류를 첨부하여 시·도지사에게 보내야 한다〈「국민기초생활보장법」 제38조(시·도지사에 대한 이의신청) 제2항〉.

4 다음 빈칸에 들어갈 숫자로 알맞은 것은?

> 시·도지사가 시장·군수·구청장으로부터 이의신청서를 받았을 때에는 (   )일 이내에 필요한 심사를 하고 이의신청을 각하 또는 기각하거나 해당 처분을 변경 또는 취소하거나 그 밖에 필요한 급여를 명하여야 한다.

① 30

② 60

③ 90

④ 120

> **NOTE** 시·도지사가 제38조제2항에 따라 시장·군수·구청장으로부터 이의신청서를 받았을 때(특별자치시장·특별자치도지사 및 시·도교육감의 경우에는 직접 이의신청을 받았을 때를 말한다)에는 30일 이내에 필요한 심사를 하고 이의신청을 각하 또는 기각하거나 해당 처분을 변경 또는 취소하거나 그 밖에 필요한 급여를 명하여야 한다〈「국민기초생활보장법」 제39조(시·도지사의 처분 등) 제1항〉.

○ **Answer** ○

1.③ 2.③ 3.③ 4.①

5 다음은 「국민기초생활보장법」에 따른 보건복지부장관 등에 대한 이의신청에 관한 설명이다. 옳지 않은 것은?

① 시·도지사의 처분 등에 대하여 이의가 있는 사람은 시·도지사를 거쳐 보건복지부장관에게 이의를 신청할 수 있다.

② 보건복지부장관에게 이의를 신청하는 사람은 시·도지사의 처분 등의 통지를 받은 날부터 90일 이내 신청해야 한다.

③ 보건복지부장관에게 이의를 신청하는 경우 서면 또는 구두로 가능하며, 구두로 이의신청을 접수한 보장기관의 공무원은 이의신청서를 작성할 수 있도록 협조하여야 한다.

④ 시·도지사는 보건복지부장관 등에 대한 이의신청을 받으면 30일 이내에 의견서와 관계 서류를 첨부하여 보건복지부장관 또는 소관 중앙행정기관의 장에게 보내야 한다.

NOTE 보건복지부장관 등에 대한 이의신청〈「국민기초생활보장법」 제40조〉

① 제39조에 따른 처분 등에 대하여 이의가 있는 사람은 그 처분 등의 통지를 받은 날부터 90일 이내에 시·도지사를 거쳐 보건복지부장관(제7조 제1항 제2호 또는 제4호의 주거급여 또는 교육급여인 경우에는 소관 중앙행정기관의 장을 말하며, 보건복지부장관에게 한 이의신청은 소관 중앙행정기관의 장에게 한 것으로 본다)에게 서면 또는 구두로 이의를 신청할 수 있다. 이 경우 구두로 이의신청을 접수한 보장기관의 공무원은 이의신청서를 작성할 수 있도록 협조하여야 한다.

② 시·도지사는 제1항에 따른 이의신청을 받으면 10일 이내에 의견서와 관계 서류를 첨부하여 보건복지부장관 또는 소관 중앙행정기관의 장(제7조 제1항 제2호 또는 제4호의 주거급여 또는 교육급여인 경우에 한정한다)에게 보내야 한다.

③ 제1항 및 제2항에 규정된 사항 외에 이의신청의 방법 등은 대통령령으로 정한다.

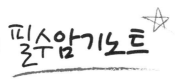

시험에 2회 이상 출제된 필수암기노트

09 보장비용

① 보장비용〈법 제42조〉

이 법에서 "보장비용"이란 다음 각 호의 비용을 말한다.

1. 이 법에 따른 보장업무에 드는 인건비와 사무비

2. 제20조에 따른 생활보장위원회의 운영에 드는 비용

3. 제8조, 제11조, 제12조, 제12조의3, 제13조, 제14조, 제15조, 제15조의2, 제15조의3, 제15조의10 및 제16조부터 제18조까지의 규정에 따른 급여 실시 비용

4. 그 밖에 이 법에 따른 보장업무에 드는 비용

② 보장비용의 부담 구분〈법 제43조〉

① 보장비용의 부담은 다음 각 호의 구분에 따른다.

1. 국가 또는 시·도가 직접 수행하는 보장업무에 드는 비용은 국가 또는 해당 시·도가 부담한다.

2. 제19조 제2항에 따른 급여의 실시 비용은 국가 또는 해당 시·도가 부담한다.

3. 시·군·구가 수행하는 보장업무에 드는 비용 중 제42조 제1호 및 제2호의 비용은 해당 시·군·구가 부담한다.

4. 시·군·구가 수행하는 보장업무에 드는 비용 중 제42조 제3호 및 제4호의 비용(이하 이 호에서 "시·군·구 보장비용"이라 한다)은 시·군·구의 재정여건, 사회보장비 지출 등을 고려하여 국가, 시·도 및 시·군·구가 다음 각 목에 따라 차등하여 분담한다.

　　가. 국가는 시·군·구 보장비용의 총액 중 100분의 40 이상 100분의 90 이하를 부담한다.

나. 시·도는 시·군·구 보장비용의 총액에서 가목의 국가부담분을 뺀 금액 중 100분의 30 이상 100분의 70 이하를 부담하고, 시·군·구는 시·군·구 보장비용의 총액 중에서 국가와 시·도가 부담하는 금액을 뺀 금액을 부담한다. 다만, 특별자치시·특별자치도는 시·군·구 보장비용의 총액 중에서 국가가 부담하는 금액을 뺀 금액을 부담한다.

② 국가는 매년 이 법에 따른 보장비용 중 국가부담 예정 합계액을 각각 보조금으로 지급하고, 그 과부족(過不足) 금액은 정산하여 추가로 지급하거나 반납하게 한다.

③ 시·도는 매년 시·군·구에 대하여 제2항에 따른 국가의 보조금에, 제1항 제4호에 따른 시·도의 부담예정액을 합하여 보조금으로 지급하고 그 과부족 금액은 정산하여 추가로 지급하거나 반납하게 한다.

④ 제2항 및 제3항에 따른 보조금의 산출 및 정산 방법 등에 관하여 필요한 사항은 대통령령으로 정한다.

⑤ 지방자치단체의 조례에 따라 이 법에 따른 급여 범위 및 수준을 초과하여 급여를 실시하는 경우 그 초과 보장비용은 해당 지방자치단체가 부담한다.

③ 교육급여 보장비용 부담의 특례〈법 제43조의2〉

제43조 제1항에도 불구하고 제12조 및 제12조의2에 따라 시·도교육감이 수행하는 보장업무에 드는 비용은 다음 각 호에 따라 차등하여 분담한다.

1. 소득인정액이 기준 중위소득의 100분의 40 이상인 수급자에 대한 입학금 및 수업료의 지원은 「초·중등교육법」 제60조의4에 따른다.

2. 소득인정액이 기준 중위소득의 100분의 40 이상인 수급자에 대한 학용품비와 그 밖의 수급품은 국가, 시·도, 시·군·구가 부담하며, 구체적인 부담비율에 관한 사항은 제43조 제1항 제4호 각 목에 따른다.

3. 소득인정액이 기준 중위소득의 100분의 40 미만인 수급자에 대한 보장비용은 국가, 시·도, 시·군·구가 제43조 제1항 제4호 각 목에 따라 부담하되, 제12조의2에 따라 추가적으로 적용되는 기준에 따른 수급자에 대한 입학금 및 수업료의 지원은 「초·중등교육법」 제60조의4에 따른다.

❹ 유류금품의 처분〈법 제45조〉

제14조에 따른 장제급여를 실시하는 경우에 사망자에게 부양의무자가 없을 때에는 시장·군수·구청장은 사망자가 유류(遺留)한 금전 또는 유가증권으로 그 비용에 충당하고, 그 부족액은 유류물품의 매각대금으로 충당할 수 있다.

❺ 비용의 징수〈법 제46조〉

① 수급자에게 부양능력을 가진 부양의무자가 있음이 확인된 경우에는 보장비용을 지급한 보장기관은 제20조에 따른 생활보장위원회의 심의·의결을 거쳐 그 비용의 전부 또는 일부를 그 부양의무자로부터 부양의무의 범위에서 징수할 수 있다.

② 속임수나 그 밖의 부정한 방법으로 급여를 받거나 타인으로 하여금 급여를 받게 한 경우에는 보장비용을 지급한 보장기관은 그 비용의 전부 또는 일부를 그 급여를 받은 사람 또는 급여를 받게 한 자(이하 "부정수급자"라 한다)로부터 징수할 수 있다.

③ 제1항 또는 제2항에 따라 징수할 금액은 각각 부양의무자 또는 부정수급자에게 통지하여 징수하고, 부양의무자 또는 부정수급자가 이에 응하지 아니하는 경우 국세 또는 지방세 체납처분의 예에 따라 징수한다.

❻ 반환명령〈법 제47조〉

① 보장기관은 급여의 변경 또는 급여의 정지·중지에 따라 수급자에게 이미 지급한 수급품 중 과잉지급분이 발생한 경우에는 즉시 수급자에 대하여 그 전부 또는 일부의 반환을 명하여야 한다. 다만, 이미 이를 소비하였거나 그 밖에 수급자에게 부득이한 사유가 있을 때에는 그 반환을 면제할 수 있다.

② 제27조 제2항에 따라 시장·군수·구청장이 긴급급여를 실시하였으나 조사 결과에 따라 급여를 실시하지 아니하기로 결정한 경우 급여비용의 반환을 명할 수 있다.

1 다음에 설명하고 있는 것은?

> • 「국민기초생활보장법」에 따른 보장업무에 드는 인건비와 사무비
> • 동법 제20조에 따른 생활보장위원회의 운영에 드는 비용
> • 동법 제8조, 제11조, 제12조, 제12조의3, 제13조, 제14조, 제15조, 제15조의2, 제15조의3, 제15조의10 및 제16조부터 제18조까지의 규정에 따른 급여 실시 비용
> • 그 밖에 이 법에 따른 보장업무에 드는 비용

① 보장비용
② 급여비용
③ 운영비용
④ 업무비용

> **NOTE** 보장비용〈「국민기초생활보장법」 제42조〉
> 1. 이 법에 따른 보장업무에 드는 인건비와 사무비
> 2. 제20조에 따른 생활보장위원회의 운영에 드는 비용
> 3. 제8조, 제11조, 제12조, 제12조의3, 제13조, 제14조, 제15조, 제15조의2, 제15조의3, 제15조의10 및 제16조부터 제18조까지의 규정에 따른 급여 실시 비용
> 4. 그 밖에 이 법에 따른 보장업무에 드는 비용

2 다음은 「국민기초생활보장법」에 따른 보장비용의 부담 구분에 대한 설명이다. 옳지 않은 것은?

① 국가 또는 시·도가 직접 수행하는 보장업무에 드는 비용은 국가 또는 해당 시·도가 부담한다.

② 보건복지부장관, 소관 중앙행정기관의 장과 시·도지사는 수급자를 각각 국가나 해당 지방자치단체가 경영하는 보장시설에 입소하게 하거나 다른 보장시설에 위탁하여 급여를 실시하는 경우 급여의 실시 비용은 국가 또는 해당 시·도가 부담한다.

③ 시·군·구가 수행하는 보장업무에 드는 비용 중 인건비와 사무비는 해당 시·군·구가 부담한다.

④ 시·군·구가 수행하는 보장업무에 드는 비용 중 생활보장위원회의 운영에 드는 비용은 국가가 부담한다.

> **NOTE** 보장비용의 부담은 다음 각 호의 구분에 따른다〈「국민기초생활보장법」 제43조(보장비용의 부담 구분) 제1항〉.
> 1. 국가 또는 시·도가 직접 수행하는 보장업무에 드는 비용은 국가 또는 해당 시·도가 부담한다.
> 2. 제19조(보장기관) 제2항에 따른 급여의 실시 비용은 국가 또는 해당 시·도가 부담한다.
> 3. 시·군·구가 수행하는 보장업무에 드는 비용 중 제42조(보장비용) 제1호 및 제2호의 비용은 해당 시·군·구가 부담한다.
> 4. 시·군·구가 수행하는 보장업무에 드는 비용 중 제42조(보장비용) 제3호 및 제4호의 비용은 시·군·구의 재정여건, 사회보장비 지출 등을 고려하여 국가, 시·도 및 시·군·구가 다음 각 목에 따라 차등하여 분담한다.
>   가. 국가는 시·군·구 보장비용의 총액 중 100분의 40 이상 100분의 90 이하를 부담한다.
>   나. 시·도는 시·군·구 보장비용의 총액에서 가목의 국가부담분을 뺀 금액 중 100분의 30 이상 100분의 70 이하를 부담하고, 시·군·구는 시·군·구 보장비용의 총액 중에서 국가와 시·도가 부담하는 금액을 뺀 금액을 부담한다. 다만, 특별자치시·특별자치도는 시·군·구 보장비용의 총액 중에서 국가가 부담하는 금액을 뺀 금액을 부담한다.

○ **Answer** ○
   1.① 2.④

3 다음 빈칸에 들어갈 숫자를 잘못 연결한 것은?

> 시·군·구 보장비용은 시·군·구의 재정여건, 사회보장비 지출 등을 고려하여 국가, 시·도 및 시·군·구가 다음 각 목에 따라 차등하여 분담한다.
> 가. 국가는 시·군·구 보장비용의 총액 중 100분의 (㉠) 이상 100분의 (㉡) 이하를 부담한다.
> 나. 시·도는 시·군·구 보장비용의 총액에서 가목의 국가부담분을 뺀 금액 중 100분의 (㉢) 이상 100분의 (㉣) 이하를 부담하고, 시·군·구는 시·군·구 보장비용의 총액 중에서 국가와 시·도가 부담하는 금액을 뺀 금액을 부담한다. 다만, 특별자치시·특별자치도는 시·군·구 보장비용의 총액 중에서 국가가 부담하는 금액을 뺀 금액을 부담한다.

① ㉠ − 40
② ㉡ − 80
③ ㉢ − 30
④ ㉣ − 70

NOTE 시·군·구가 수행하는 보장업무에 드는 비용 중 제42조(보장비용) 제3호 및 제4호의 비용(이하 이 호에서 "시·군·구 보장비용"이라 한다)은 시·군·구의 재정여건, 사회보장비 지출 등을 고려하여 국가, 시·도 및 시·군·구가 다음 각 목에 따라 차등하여 분담한다〈「국민기초생활보장법」 제43조(보장비용의 부담 구분) 제1항 제4호〉.
가. 국가는 시·군·구 보장비용의 총액 중 100분의 40 이상 100분의 90 이하를 부담한다.
나. 시·도는 시·군·구 보장비용의 총액에서 가목의 국가부담분을 뺀 금액 중 100분의 30 이상 100분의 70 이하를 부담하고, 시·군·구는 시·군·구 보장비용의 총액 중에서 국가와 시·도가 부담하는 금액을 뺀 금액을 부담한다. 다만, 특별자치시·특별자치도는 시·군·구 보장비용의 총액 중에서 국가가 부담하는 금액을 뺀 금액을 부담한다.

4 다음 빈칸에 들어갈 용어로 적절한 것은?

> 국가는 매년 「국민기초생활보장법」에 따른 보장비용 중 국가부담 예정 합계액을 각각 (   )으
> 로 지급하고, 그 과부족(過不足) 금액은 정산하여 추가로 지급하거나 반납하게 한다.

① 추가금   ② 보조금
③ 보상금   ④ 지원금

> **NOTE** 국가는 매년 이 법에 따른 보장비용 중 국가부담 예정 합계액을 각각 보조금으로 지급하고, 그 과
> 부족(過不足) 금액은 정산하여 추가로 지급하거나 반납하게 한다〈「국민기초생활보장법」 제43조
> (보장비용의 부담 구분) 제2항〉.

5 다음 빈칸에 들어갈 용어가 바르게 짝지어진 것은?

> 법 제43조(보장비용의 부담 구분) 제2항 및 제3항에 따른 보조금은 법 제22조(신청에 의한 조
> 사)부터 제24조(차상위계층에 대한 조사)까지의 규정에 따라 조사된 수급자 (   )와 실시 중
> 인 (   )를 기준으로 산출한다.

① 총수, 급여의 총액
② 총수, 급여의 종류
③ 총수의 2배수, 급여의 총액
④ 총수의 2배수, 급여의 종류

> **NOTE** 보조금의 산출〈「국민기초생활보장법 시행령」 제39조〉 … 법 제43조(보장비용의 부담 구분) 제2항
> 및 제3항에 따른 보조금은 법 제22조(신청에 의한 조사)부터 제24조(차상위계층에 대한 조사)까
> 지의 규정에 따라 조사된 수급자 총수와 실시 중인 급여의 종류를 기준으로 산출한다.

◦ **Answer** ◦
3.② 4.② 5.②

6 다음은 교육급여 및 교육급여 적용특례에 따라 시·도교육감이 수행하는 보장업무에 드는 비용에 대한 설명이다. 빈칸에 공통으로 들어갈 숫자는?

- 소득인정액이 기준 중위소득의 100분의 (   ) 이상인 수급자에 대한 입학금 및 수업료의 지원은 「초·중등교육법」 제60조의4에 따른다.
- 소득인정액이 기준 중위소득의 100분의 (   ) 이상인 수급자에 대한 학용품비와 그 밖의 수급품은 국가, 시·도, 시·군·구가 부담하며, 구체적인 부담비율에 관한 사항은 제43조제1항 제4호 각 목에 따른다.
- 소득인정액이 기준 중위소득의 100분의 (   ) 미만인 수급자에 대한 보장비용은 국가, 시·도, 시·군·구가 제43조 제1항 제4호 각 목에 따라 부담하되, 제12조의2에 따라 추가적으로 적용되는 기준에 따른 수급자에 대한 입학금 및 수업료의 지원은 「초·중등교육법」 제60조의4에 따른다.

---

① 20   ② 30
③ 40   ④ 50

NOTE 교육급여 보장비용 부담의 특례〈「국민기초생활보장법」 제43조의2〉 … 제43조(보장비용의 부담 구분) 제1항에도 불구하고 제12조(교육급여) 및 제12조의2(교육급여의 적용특례)에 따라 시·도교육감이 수행하는 보장업무에 드는 비용은 다음 각 호에 따라 차등하여 분담한다.

1. 소득인정액이 기준 중위소득의 100분의 40 이상인 수급자에 대한 입학금 및 수업료의 지원은 「초·중등교육법」 제60조의4에 따른다.
2. 소득인정액이 기준 중위소득의 100분의 40 이상인 수급자에 대한 학용품비와 그 밖의 수급품은 국가, 시·도, 시·군·구가 부담하며, 구체적인 부담비율에 관한 사항은 제43조 제1항 제4호 각 목에 따른다.
3. 소득인정액이 기준 중위소득의 100분의 40 미만인 수급자에 대한 보장비용은 국가, 시·도, 시·군·구가 제43조 제1항 제4호 각 목에 따라 부담하되, 제12조의2에 따라 추가적으로 적용되는 기준에 따른 수급자에 대한 입학금 및 수업료의 지원은 「초·중등교육법」 제60조의4에 따른다.

7 다음 설명에 해당하는 사람은?

속임수나 그 밖의 부정한 방법으로 급여를 받거나 타인으로 하여금 급여를 받게 한 자

---

① 부수급자   ② 부정수급자
③ 비수급자   ④ 비리수급자

8 다음 설명 중 옳지 않은 것은?

① 장제급여를 실시하는 경우에 사망자에게 부양의무자가 없을 때에는 시장·군수·구청장은 사망자가 유류(遺留)한 금전 또는 유가증권을 제외한 유류물품의 매각대금으로 그 비용에 충당한다.

② 수급자에게 부양능력을 가진 부양의무자가 있음이 확인된 경우에는 보장비용을 지급한 보장기관은 생활보장위원회의 심의·의결을 거쳐 그 비용의 전부 또는 일부를 그 부양의무자로부터 부양의무의 범위에서 징수할 수 있다.

③ 속임수나 그 밖의 부정한 방법으로 급여를 받거나 타인으로 하여금 급여를 받게 한 경우에는 보장비용을 지급한 보장기관은 그 비용의 전부 또는 일부를 그 급여를 받은 사람 또는 급여를 받게 한 자로부터 징수할 수 있다.

④ 부양의무자 또는 부정수급자가 비용의 징수에 응하지 아니하는 경우 국세 또는 지방세 체납처분의 예에 따라 징수한다.

NOTE ① 장제급여를 실시하는 경우에 사망자에게 부양의무자가 없을 때에는 시장·군수·구청장은 사망자가 유류(遺留)한 금전 또는 유가증권으로 그 비용에 충당하고, 그 부족액은 유류물품의 매각대금으로 충당할 수 있다〈「국민기초생활보장법」 제45조(유류금품의 처분)〉.

※ 비용의 징수〈「국민기초생활보장법」 제46조〉

① 수급자에게 부양능력을 가진 부양의무자가 있음이 확인된 경우에는 보장비용을 지급한 보장기관은 제20조에 따른 생활보장위원회의 심의·의결을 거쳐 그 비용의 전부 또는 일부를 그 부양의무자로부터 부양의무의 범위에서 징수할 수 있다.

② 속임수나 그 밖의 부정한 방법으로 급여를 받거나 타인으로 하여금 급여를 받게 한 경우에는 보장비용을 지급한 보장기관은 그 비용의 전부 또는 일부를 그 급여를 받은 사람 또는 급여를 받게 한 자(이하 "부정수급자"라 한다)로부터 징수할 수 있다.

③ 제1항 또는 제2항에 따라 징수할 금액은 각각 부양의무자 또는 부정수급자에게 통지하여 징수하고, 부양의무자 또는 부정수급자가 이에 응하지 아니하는 경우 국세 또는 지방세 체납처분의 예에 따라 징수한다.

○ **Answer** ○

6.③ 7.② 8.①

9 다음 빈칸에 들어갈 용어로 적절한 것은?

> 보장기관은 급여의 변경 또는 급여의 정지·중지에 따라 수급자에게 이미 지급한 수급품 중 (   )
> 이 발생한 경우에는 즉시 수급자에 대하여 그 전부 또는 일부의 반환을 명하여야 한다.

① 부정수급분   ② 부정지급분
③ 과잉수급분   ④ 과잉지급분

NOTE 보장기관은 급여의 변경 또는 급여의 정지·중지에 따라 수급자에게 이미 지급한 수급품 중 과잉지
급분이 발생한 경우에는 즉시 수급자에 대하여 그 전부 또는 일부의 반환을 명하여야 한다〈「국민
기초생활보장법」 제47조(반환명령) 제1항 전단〉.

10 다음 중 보장기관이 수급자에 대한 반환을 면제할 수 있는 경우는?

① 급여의 변경으로 이미 지급한 수급품 중 과잉지급분이 발생한 경우
② 급여의 정지로 이미 지급한 수급품 중 과잉지급분이 발생한 경우
③ 급여의 중지로 발생한 과잉지급분을 수급자가 이미 소비한 경우
④ 긴급급여를 실시하였으나 조사 결과에 따라 급여를 실시하지 아니하기로 결정한 경우

NOTE 반환명령〈「국민기초생활보장법」 제47조〉
① 보장기관은 급여의 변경 또는 급여의 정지·중지에 따라 수급자에게 이미 지급한 수급품 중 과
잉지급분이 발생한 경우에는 즉시 수급자에 대하여 그 전부 또는 일부의 반환을 명하여야 한
다. 다만, 이미 이를 소비하였거나 그 밖에 수급자에게 부득이한 사유가 있을 때에는 그 반환
을 면제할 수 있다.
② 제27조(급여의 실시 등) 제2항에 따라 시장·군수·구청장이 긴급급여를 실시하였으나 조사 결과
에 따라 급여를 실시하지 아니하기로 결정한 경우 급여비용의 반환을 명할 수 있다.

─── ○ **Answer** ○───
9.④ 10.③

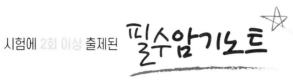

10 벌칙

1 벌칙〈법 제48조〉

① 제23조의2 제6항을 위반하여 금융정보등을 사용·제공 또는 누설한 자는 5년 이하의 징역 또는 5천만 원 이하의 벌금에 처한다.

② 제22조 제6항(제23조 제2항에서 준용하는 경우를 포함한다)을 위반하여 정보 또는 자료를 사용하거나 제공한 자는 3년 이하의 징역 또는 3천만 원 이하의 벌금에 처한다.

2 벌칙〈법 제49조〉

다음 각 호의 어느 하나에 해당하는 자는 1년 이하의 징역, 1천만 원 이하의 벌금, 구류 또는 과료에 처한다.

1. 거짓이나 그 밖의 부정한 방법으로 급여를 받거나 다른 사람으로 하여금 급여를 받게 한 자

2. 제27조의3 제3항을 위반하여 지급받은 급여를 목적 외의 용도로 사용한 자

3 벌칙〈법 제49조의2〉

제15조의8을 위반하여 직무상 알게 된 비밀을 누설하거나 다른 용도로 사용한 자는 1년 이하의 징역 또는 1천만 원 이하의 벌금에 처한다.

④ 벌칙〈법 제50조〉

제33조 제1항 또는 제5항을 위반하여 수급자의 급여 위탁을 정당한 사유 없이 거부한 자나 종교상의 행위를 강제한 자는 300만 원 이하의 벌금, 구류 또는 과료에 처한다.

10 벌칙

1 수급자 및 수급자에 대한 급여의 적정성을 확인하기 위한 확인조사에 종사하였던 사람이 수급 자의 금융정보 등을 사용·제공 또는 누설한 경우 처해지는 벌칙은?

① 7년 이하의 징역 또는 7천만 원 이하의 벌금
② 5년 이하의 징역 또는 5천만 원 이하의 벌금
③ 3년 이하의 징역 또는 3천만 원 이하의 벌금
④ 1년 이하의 징역 또는 1천만 원 이하의 벌금

> **NOTE** 제23조의2(금융정보등의 제공) 제6항을 위반하여 금융정보등을 사용·제공 또는 누설한 자는 5년 이하의 징역 또는 5천만 원 이하의 벌금에 처한다〈「국민기초생활보장법」 제48조(벌칙) 제1항〉.
> ※ 「국민기초생활보장법」 제23조의2(금융정보등의 제공) 제6항 … 제1항부터 제3항까지의 규정에 따른 업무에 종사하고 있거나 종사하였던 사람은 업무를 수행하면서 취득한 금융정보등을 이 법에서 정한 목적 외의 다른 용도로 사용하거나 다른 사람 또는 기관에 제공하거나 누설하여서는 아니 된다.

2 보장기관의 공무원 또는 공무원이었던 사람이 수급자의 급여신청에 의한 조사에 따라 얻은 정 보와 자료를 법에서 정한 보장목적 외에 다른 용도로 사용한 경우 처해지는 벌칙은?

① 7년 이하의 징역 또는 7천만 원 이하의 벌금
② 5년 이하의 징역 또는 5천만 원 이하의 벌금
③ 3년 이하의 징역 또는 3천만 원 이하의 벌금
④ 1년 이하의 징역 또는 1천만 원 이하의 벌금

> **NOTE** 제22조(신청에 의한 조사) 제6항[제23조(확인조사) 제2항에서 준용하는 경우를 포함한다]을 위반하여 정보 또는 자료를 사용하거나 제공한 자는 3년 이하의 징역 또는 3천만 원 이하의 벌금에 처한다〈「국민기초생활보장법」 제48조(벌칙) 제2항〉.
> ※ 「국민기초생활보장법」 제22조(신청에 의한 조사) 제6항 … 보장기관의 공무원 또는 공무원이었던 사람은 제1항부터 제4항까지의 규정에 따라 얻은 정보와 자료를 이 법에서 정한 보장목적 외에 다른 용도로 사용하거나 다른 사람 또는 기관에 제공하여서는 아니 된다.

○ **Answer** ○
1.② 2.③

3 거짓이나 그 밖의 부정한 방법으로 급여를 받거나 다른 사람으로 하여금 급여를 받게 한 자에게 처해지는 벌칙은?

① 7년 이하의 징역 또는 7천만 원 이하의 벌금

② 5년 이하의 징역 또는 5천만 원 이하의 벌금

③ 3년 이하의 징역 또는 3천만 원 이하의 벌금

④ 1년 이하의 징역 또는 1천만 원 이하의 벌금

> **NOTE** 벌칙〈「국민기초생활보장법」 제49조〉… 다음 각 호의 어느 하나에 해당하는 자는 1년 이하의 징역, 1천만 원 이하의 벌금, 구류 또는 과료에 처한다.
> 1. 거짓이나 그 밖의 부정한 방법으로 급여를 받거나 다른 사람으로 하여금 급여를 받게 한 자
> 2. 제27조의3(급여의 대리수령 등) 제3항을 위반하여 지급받은 급여를 목적 외의 용도로 사용한 자

4 자활복지개발원의 임직원 또는 임직원이었던 자가 직무상 알게 된 비밀을 누설하거나 다른 용도로 사용한 경우 처해지는 벌칙은?

① 7년 이하의 징역 또는 7천만 원 이하의 벌금

② 5년 이하의 징역 또는 5천만 원 이하의 벌금

③ 3년 이하의 징역 또는 3천만 원 이하의 벌금

④ 1년 이하의 징역 또는 1천만 원 이하의 벌금

> **NOTE** 제15조의8(비밀누설 등의 금지)을 위반하여 직무상 알게 된 비밀을 누설하거나 다른 용도로 사용한 자는 1년 이하의 징역 또는 1천만 원 이하의 벌금에 처한다〈「국민기초생활보장법」 제49조의2(벌칙)〉.

5 보장시설의 장이 위탁받은 수급자에게 종교상의 행위를 강제한 경우 처할 수 있는 벌칙이 아닌 것은?

① 1년 이하의 징역 또는 1천만 원 이하의 벌금

② 300만 원 이하의 벌금

③ 구류

④ 과료

> **NOTE** 제33조(보장시설의 장의 의무) 제1항 또는 제5항을 위반하여 수급자의 급여 위탁을 정당한 사유 없이 거부한 자나 종교상의 행위를 강제한 자는 300만 원 이하의 벌금, 구류 또는 과료에 처한다 〈「국민기초생활보장법」 제50조(벌칙)〉.
>
> ※ 「국민기초생활보장법」 제33조(보장시설의 장의 의무)
> ① 보장시설의 장은 보장기관으로부터 수급자에 대한 급여를 위탁받은 경우에는 정당한 사유 없이 이를 거부하여서는 아니 된다.
> ② 보장시설의 장은 위탁받은 수급자에게 보건복지부장관 및 소관 중앙행정기관의 장이 정하는 최저기준 이상의 급여를 실시하여야 한다.
> ③ 보장시설의 장은 위탁받은 수급자에게 급여를 실시할 때 성별·신앙 또는 사회적 신분 등을 이유로 차별대우를 하여서는 아니 된다.
> ④ 보장시설의 장은 위탁받은 수급자에게 급여를 실시할 때 수급자의 자유로운 생활을 보장하여야 한다.
> ⑤ 보장시설의 장은 위탁받은 수급자에게 종교상의 행위를 강제하여서는 아니 된다.

─── ∘ **Answer** ∘ ───
3.④ 4.④ 5.①

PART

02

실전 모의고사

1 다음은 「국민기초생활보장법」 제3조(급여의 기본원칙)의 내용이다. 다음 빈칸에 들어갈 수 없는 것은?

> ( )의 부양과 다른 법령에 따른 ( )는 이 법에 따른 ( )에 우선하여 행하여지는 것으로 한다. 다만, 다른 법령에 따른 ( )의 수준이 이 법에서 정하는 수준에 이르지 아니하는 경우에는 나머지 부분에 관하여 이 법에 따른 ( )을(를) 받을 권리를 잃지 않는다.

① 생계   ② 보호
③ 부양의무자   ④ 급여

2 급여의 기준에 따른 설명으로 옳은 것은?

① 보장기관은 이 법에 따른 급여를 무조건 개별가구로 실시해야한다.
② 이 법에 따른 급여는 자유로운 생활을 유지할 수 있는 것이어야 한다.
③ 지방자치단체인 보장기관이 급여의 범위 및 수준을 초과하여 급여를 실시할 경우, 해당 보장기관은 보건복지부장관 및 소관 중앙행정기관의 장에게 알려야 한다.
④ 급여의 기준은 수급자의 연령, 가구 규모 그리고 거주지역만 고려하면 된다.

3 생계급여의 내용에 대한 설명으로 옳은 것은?

① 생계급여는 수급자에게 의복, 음식물 및 연료비와 그 밖에 일상생활에 기본적으로 필요한 금품을 지급하여 그 생계를 유지하게 하는 것으로 한다.

② 생계급여 수급권자는 부양의무자가 없거나, 부양의무자가 있어도 부양능력이 없거나 부양을 받을 수 없는 사람으로서 그 소득인정액이 심의·의결을 거쳐 결정하는 금액 이하인 사람으로 한다. 이 경우 생계급여 선정기준은 기준 중위소득의 100분의 40 이상으로 한다.

③ 생계급여 최저보장수준은 생계급여만 포함하여 생계급여 선정기준 이상이 되도록 하여야 한다.

④ 보장시설에 위탁하여 생계급여를 실시하는 경우에는 대통령령으로 정하는 고시에 따라 그 선정기준 등을 달리 정할 수 있다.

4 다음은 「국민기초생활보장법」 제9조(생계급여의 방법)에 관한 내용이다. 밑줄 친 부분 중 옳지 않은 부분은?

> ① ㉠ 생계급여는 금전을 지급하는 것으로 한다. 다만, ㉡ 금전으로 지급할 수 없거나 금전으로 지급하는 것이 적당하지 아니하다고 인정하는 경우에는 물품을 지급할 수 있다.
> ② ㉢ 수급품은 보건복지부장관이 정하는 바에 따라 매월 정기적으로 지급하여야 한다. ㉣ 다만, 특별한 사정이 있는 경우에는 그 지급방법을 다르게 정하여 지급할 수 있다.

① ㉠

② ㉡

③ ㉢

④ ㉣

5 교육급여에 대한 설명으로 옳지 않은 것은?

① 교육급여는 수급자에게 입학금, 수업료, 학용품비, 그 밖의 수급품을 지급하는 것으로 하되, 학교의 종류·범위 등에 관하여 필요한 사항은 교육부장관이 정한다.

② 교육급여는 교육부장관의 소관으로 한다.

③ 교육급여 수급권자는 부양의무자가 없거나, 부양의무자가 있어도 부양능력이 없거나 부양을 받을 수 없는 사람으로서 그 소득인정액이 중앙생활보장위원회의 심의·의결을 거쳐 결정하는 금액 이하인 사람으로 한다. 이 경우 교육급여 선정기준은 기준 중위소득의 100분의 50 이상으로 한다.

④ 교육급여의 신청 및 지급 등에 대하여는 교육비 지원절차를 준용한다.

6 자활사업으로 옳지 않은 것은?

① 직업안정법에 따른 직업안정기관의 장이 제시하는 사업장에의 취업

② 고용정책 기본법에 따른 공공근로사업

③ 취업 기회의 제공을 위한 취업특강

④ 그 밖에 수급자의 자활이 필요하다고 보건복지부에서 고시하는 사업

7 자활복지개발원의 업무로 옳은 것은?

① 자활 지원을 위한 사업의 개정 및 평가

② 자활 관련 기관 간의 협력체계 구축·운영

③ 취업·창업을 위한 자활촉진 프로그램 개발 및 평가

④ 그 밖에 자활촉진에 필요한 사업으로서 대통령령이 정하는 사업

8 다음 중 자활복지개발원의 이사회에서 심의·의결하는 사항을 모두 고른 것은?

> ㉠ 사업계획 및 예산·결산
> ㉡ 주요 재산의 취득·관리 및 처분
> ㉢ 정관의 변경
> ㉣ 임원 및 직원의 임면
> ㉤ 내부 규정의 제정·개정 및 평가
> ㉥ 운영에 관하여 심의·의결이 필요하다고 판단되는 사항

① ㉠, ㉡, ㉢
② ㉠, ㉡, ㉢, ㉣
③ ㉠, ㉡, ㉢, ㉤
④ ㉠, ㉡, ㉢, ㉣, ㉥

9 다음 빈칸에 들어갈 숫자의 합은?

> 자활복지개발원에 원장 1명을 포함한 (   )명 이내의 이사와 감사 (   )명을 두며, 원장을 제외한 이사와 감사는 비상임으로 한다. 원장의 임기는 (   )년으로 하되, (   )년을 단위로 연임할 수 있다. 이사를 제외한 임원의 임기는 (   )년으로 하되, (   )년을 단위로 연임할 수 있다.

① 18
② 19
③ 20
④ 21

10 자활기업에 대한 설명으로 옳은 것은?

① 수급자 및 차상위자는 상호 협력하여 자활기업을 설립만 할 수 있다.
② 자활기업은 조합 또는 「부가가치세법」상 사업자의 형태를 갖추어야 한다.
③ 자활기업은 설립 및 운영 주체는 수급자 또는 차상위자를 4인 이상 포함하여 구성하여야 한다.
④ 그 밖에 자활기업의 설립·운영 및 지원에 필요한 사항은 대통령령으로 정한다.

11 보장기관이 수급자 및 차상위자가 자활에 필요한 자산을 형성할 수 있도록 재정적인 지원과 필요한 교육을 실시할 때 지원대상자는 금융업무를 하는 기관에 저축을 하여야 한다. 이때 저축의 용도로 옳지 않은 것은?

① 주택 구입비 또는 임대비
② 본인 및 자녀의 고등교육비 · 기술훈련비
③ 사업의 창업자금 및 운영자금
④ 최소한의 문화생활비

12 다음 중 중앙생활보장위원회 위원 중 관계 행정기관 소속 공무원으로 하는 사람으로 옳지 않은 것은?

① 기획재정부 제2차관　　　　　　② 교육부 차관
③ 고용노동부 차관　　　　　　　　④ 국토교통부 제2차관

13 중앙생활보장위원회에서 심의 · 의결하는 사항으로 옳지 않은 것은?

① 기초생활보장 종합계획의 수립
② 급여의 종류별 수급자 선정기준과 최저보장수준의 계획
③ 급여기준의 적정성 등 평가 및 실태조사에 관한 사항
④ 급여의 종류별 누락 · 중복, 차상위계층의 지원사업 등에 대한 조정

14 중앙생활보장위원회에 상정할 안건의 효율적인 검토를 위하여 필요한 경우에는 중앙생활보장위원회에 분야별로 소위원회를 구성 · 운영할 수 있다. 이때 위원장을 포함한 중앙생활위원회와 소위원회의 각각의 임원 수는?

① 14명, 9명　　　　　　　　　　② 15명, 11명
③ 16명, 13명　　　　　　　　　　④ 17명, 15명

15 소관 중앙행정기관의 장은 수급자의 최저생활을 보장하기 위하여 몇 년마다 소관별로 기초생활 보장 기본계획을 수립하여 보건복지부장관에게 제출하여야 하는가?

① 2년
② 3년
③ 4년
④ 5년

16 「국민기초생활보장법」에 따른 급여의 신청에 대한 설명으로 옳은 것은?

① 수급권자만 관할 시장·군수·구청장에게 수급권자에 대한 급여를 신청할 수 있다.
② 사회복지 전담공무원은 관할지역에 거주하는 수급권자에 대한 급여를 직권으로 신청할 수 없다.
③ 급여신청을 할 때나 사회복지 전담공무원이 급여신청을 하는 것에 수급권자가 동의하였을 때에는 수급권자와 부양의무자는 다음 정보의 제공에 대하여 동의한다고 구두로 전달해도 된다.
④ 급여의 신청 방법 및 절차 등에 관하여 필요한 사항은 보건복지부령으로 정한다.

17 시장·군수·구청장은 급여신청이 있는 경우에는 사회복지 전담공무원으로 하여금 급어의 결정 및 실시 등에 필요한 사항들을 조사하게 하거나 수급권자에게 보장기관이 지정하는 의료기관에서 검진을 받게 할 수 있다. 이때 그러한 사항들 중 틀린 것은?

① 부양의무자의 유무 및 부양능력 등 부양의무자와 관련된 사항
② 수급권자를 제외한 부양의무자의 소득·재산에 관한 사항
③ 수급권자의 근로능력, 취업상태, 자활욕구 등 자활지원계획 수립에 필요한 사항
④ 그 밖에 수급권자의 건강상태, 가구 특성 등 생활실태에 관한 사항

18 보장기관은 수급자 또는 부양의무자가 조사나 자료제출 요구를 몇 회 이상 거부·방해 또는 기피하거나 검진 지시에 따르지 아니하면 수급자에 대한 급여 결정을 취소하거나 급여를 정지 또는 중지할 수 있는가?

① 1회   ② 2회

③ 3회   ④ 5회

19 다음은 보장기관에 관한 설명이다. 빈칸에 들어갈 수 없는 것은?

> 보장기관은 수급자 또는 후견인의 동의를 받아 급여를 수급자의 (　　　), (　　　) 또는 (　　　) 명의의 계좌에 입금할 수 있다.

① 직계혈족
② 배우자
③ 3촌 이내의 방계혈족
④ 4촌 이내의 방계혈족

20 보장시설의 장의 의무에 대한 설명으로 옳지 않은 것은?

① 보장시설의 장은 보장기관으로부터 수급자에 대한 급여를 위탁받은 경우에는 언제든지 이를 거부할 수 있다.
② 보장시설의 장은 위탁받은 수급자에게 보건복지부장관 및 소관 중앙행정기관의 장이 정하는 최저기준 이상의 급여를 실시하여야 한다.
③ 보장시설의 장은 위탁받은 수급자에게 급여를 실시할 때 성별·신앙 또는 사회적 신분 등을 이유로 차별대우를 하여서는 아니 된다.
④ 보장시설의 장은 위탁받은 수급자에게 급여를 실시할 때 수급자의 자유로운 생활을 보장하여야 한다.

21 다음 빈칸에 들어갈 내용으로 적절하지 않은 것은?

> 수급자는 (   ), (   ) 또는 (   )이 변동되었을 때에는 지체 없이 관할 보장기관에 신고하여야 한다.

① 세대의 구성

② 거주지역

③ 급여수급계좌

④ 임대차 계약내용

22 다음 빈칸들에 들어갈 숫자들을 합친 값은?

> 수급자나 급여 또는 급여 변경을 신청한 사람은 시장·군수·구청장의 처분에 대하여 이의가 있는 경우에는 그 결정의 통지를 받은 날부터 (   )일 이내에 해당 보장기관을 거쳐 시·도지사에게 서면 또는 구두로 이의를 신청할 수 있다. 이 경우 구두로 이의신청을 접수한 보장기관의 공무원은 이의신청서를 작성할 수 있도록 협조하여야 한다. 이때 이의신청을 받은 시장·군수·구청장은 (   )일 이내에 의견서와 관계 서류를 첨부하여 시·도지사에게 보내야 한다.

① 100

② 120

③ 130

④ 150

23 「국민기초생활보장법」에 따른 보장비용의 부담 구분에 관한 설명으로 옳은 것은?

① 국가 또는 시·도가 직접 수행하는 보장업무에 드는 비용은 국가 또는 해당 시·도가 부담한다.

② 국가는 시·군·구 보장비용의 총액 중 100분의 50 이상 100분의 80 이하를 부담한다.

③ 시·도는 시·군·구 보장비용의 총액에서 가목의 국가부담분을 뺀 금액 중 100분의 30 이상 100분의 60 이하를 부담하고, 시·군·구는 시·군·구 보장비용의 총액 중에서 국가와 시·도가 부담하는 금액을 뺀 금액을 부담한다.

④ 보조금의 산출 및 정산 방법 등에 관하여 필요한 사항은 보건복지부장관이 정한다.

24 다음 빈칸에 들어갈 내용으로 옳은 것은?

> 보장기관은 급여의 변경 또는 급여의 정지·중지에 따라 수급자에게 이미 지급한 수급품 중 과잉지급분이 발생한 경우에는 (   ) 수급자에 대하여 그 전부 또는 일부의 반환을 명하여야 한다. 다만, 이미 이를 소비하였거나 그 밖에 수급자에게 부득이한 사유가 있을 때에는 그 반환을 면제할 수 있다.

① 1개월 이내에
② 3개월 이내에
③ 6개월 이내에
④ 즉시

25 다음 빈칸에 들어갈 벌칙의 금액으로 옳은 것은?

> • 거짓이나 그 밖의 부정한 방법으로 급여를 받거나 다른 사람으로 하여금 급여를 받게 한 자에 대한 벌칙 : (㉠)
> • 직무상 알게 된 비밀을 누설하거나 다른 용도로 사용한 자활복지개발원의 임직원 또는 임직원이었던 자에 대한 벌칙 : (㉡)
> • 보장기관으로부터 수급자에 대한 급여를 위탁받았지만 정당한 사유 없이 이를 거부한 보장시설의 장에 대한 벌칙 : (㉢)

① ㉠ : 1천만 원 이하의 벌금, ㉡ : 2천만 원 이하의 벌금, ㉢ : 300만 원 이하의 벌금
② ㉠ : 1천만 원 이하의 벌금, ㉡ : 1천만 원 이하의 벌금, ㉢ : 300만 원 이하의 벌금
③ ㉠ : 1천만 원 이하의 벌금, ㉡ : 1천만 원 이하의 벌금, ㉢ : 500만 원 이하의 벌금
④ ㉠ : 2천만 원 이하의 벌금, ㉡ : 1천만 원 이하의 벌금, ㉢ : 500만 원 이하의 벌금

1 ①

급여의 기본원칙〈「국민기초생활보장법」 제3조 제2항〉

부양의무자의 부양과 다른 법령에 따른 보호는 이 법에 따른 급여에 우선하여 행하여지는 것으로 한다. 다만, 다른 법령에 따른 보호의 수준이 이 법에서 정하는 수준에 이르지 아니하는 경우에는 나머지 부분에 관하여 이 법에 따른 급여를 받을 권리를 잃지 아니한다.

2 ③

급여의 기준 등〈「국민기초생활보장법」 제4조〉

㉠ 이 법에 따른 급여는 건강하고 문화적인 최저생활을 유지할 수 있는 것이어야 한다.

㉡ 이 법에 따른 급여의 기준은 수급자의 연령, 가구 규모, 거주지역, 그 밖의 생활여건 등을 고려하여 급여의 종류별로 보건복지부장관이 정하거나 급여를 지급하는 중앙행 정기관의 장(이하 "소관 중앙행정기관의 장"이라 한다)이 보건복지부장관과 협의하여 정한다.

㉢ 보장기관은 이 법에 따른 급여를 개별가구 단위로 실시하되, 특히 필요하다고 인정하는 경우에는 개인 단위로 실시할 수 있다.

㉣ 지방자치단체인 보장기관은 해당 지방자치단체의 조례로 정하는 바에 따라 이 법에 따른 급여의 범위 및 수준을 초과하여 급여를 실시할 수 있다. 이 경우 해당 보장기 관은 보건복지부장관 및 소관 중앙행정기관의 장에게 알려야 한다.

3 ①

생계급여의 내용 등〈「국민기초생활보장법」 제8조〉

㉠ 생계급여는 수급자에게 의복, 음식물 및 연료비와 그 밖에 일상생활에 기본적으로 필요한 금품을 지급하여 그 생계를 유지하게 하는 것으로 한다.

㉡ 생계급여 수급권자는 부양의무자가 없거나, 부양의무자가 있어도 부양능력이 없거나 부양을 받을 수 없는 사람으로서 그 소득인정액이 제20조제2항에 따른 중앙생활보장 위원회의 심의·의결을 거쳐 결정하는 금액(이하 이 조에서 "생계급여 선정기준"이라한다) 이하인 사람으로 한다. 이 경우 생계급여 선정기준은 기준 중위소득의 100분의 30 이상으로 한다.

㉢ 생계급여 최저보장수준은 생계급여와 소득인정액을 포함하여 생계급여 선정기준 이상이되도록 하여야 한다.

㉣ 제2항 및 제3항에도 불구하고 제10조제1항 단서에 따라 제32조에 따른 보장시설에 위탁하여 생계급여를 실시하는 경우에는 보건복지부장관이 정하는 고시에 따라 그 선정기준 등을 달리 정할 수 있다.

4 ③

생계급여의 방법 〈「국민기초생활보장법」 제9조〉

㉠ 생계급여는 금전을 지급하는 것으로 한다. 다만, 금전으로 지급할 수 없거나 금전으로 지급하는 것이 적당하지 아니하다고 인정하는 경우에는 물품을 지급할 수 있다.

㉡ 제1항의 수급품은 대통령령으로 정하는 바에 따라 매월 정기적으로 지급하여야 한다. 다만, 특별한 사정이 있는 경우에는 그 지급방법을 다르게 정하여 지급할 수 있다.

5 ①

교육급여 〈「국민기초생활보장법」 제12조 제1항〉

교육급여는 수급자에게 입학금, 수업료, 학용품비, 그 밖의 수급품을 지급하는 것으로 하되, 학교의 종류·범위 등에 관하여 필요한 사항은 대통령령으로 정한다.

6 ③

자활사업 〈「국민기초생활보장법」 시행령 제10조 제1항〉

자활사업은 다음 각 호의 사업으로 한다.

㉠ 제18조에 따른 직업훈련

㉡ 제19조에 따른 취업알선 등의 제공

㉢ 제20조에 따른 자활근로

㉣ 「직업안정법」 제2조의2제1호에 따른 직업안정기관(이하 "직업안정기관"이라 한다)의 장이 제시하는 사업장에의 취업

㉤ 「고용정책 기본법」 제34조제1항제5호에 따른 공공근로사업

㉥ 법 제16조에 따른 지역자활센터(이하 "지역자활센터"라 한다)의 사업

㉦ 법 제18조에 따른 자활기업(이하 "자활기업"라 한다)의 사업

㉧ 개인 창업 또는 공동 창업

㉨ 근로의욕 제고 및 근로능력 유지를 위한 자원봉사

㉩ 그 밖에 수급자의 자활에 필요하다고 보건복지부장관이 정하여 고시하는 사업

7 ②

자활복지개발원의 업무 〈「국민기초생활보장법」 제15조의3 제1항〉

자활복지개발원은 다음 각 호의 사업을 수행한다.

㉠ 자활 지원을 위한 사업(이하 "자활지원사업"이라 한다)의 개발 및 평가

㉡ 자활 지원을 위한 조사·연구 및 홍보

㉢ 제15조의10에 따른 광역자활센터, 제16조에 따른 지역자활센터 및 제18조에 따른 자활기업의 기술·경영지도 및 평가

㉣ 자활 관련 기관 간의 협력체계 구축·운영

㉤ 자활 관련 기관 간의 정보네트워크 구축·운영

㉥ 취업·창업을 위한 자활촉진 프로그램 개발 및 지원

㉦ 제18조의6제2항 및 제3항에 따른 고용지원서비스의 연계 및 사회복지서비스의 지원 대상자 관리

㉧ 수급자 및 차상위자의 자활촉진을 위한 교육·훈련, 제15조의10에 따른 광역자활센터 등 자활 관련 기관의 종사자 및 참여자에 대한 교육·훈련 및 지원

㉨ 국가 또는 지방자치단체로부터 위탁받은 자활 관련 사업

㉩ 그 밖에 자활촉진에 필요한 사업으로서 보건복지부장관이 정하는 사업

8 ④

자활복지개발원의 이사회 〈「국민기초생활보장법」 시행령 제21조의5 제1항〉

자활복지개발원에 다음 각 호의 사항을 심의·의결하기 위하여 이사회를 둔다.

㉠ 사업계획 및 예산·결산

㉡ 주요 재산의 취득·관리 및 처분

㉢ 임원 및 직원의 임면

② 정관의 변경

⑩ 내부 규정의 제정·개정 및 폐지

⑭ 그 밖에 자활복지개발원 운영에 관하여 심의·의결이 필요하다고 판단되는 사항

9 ②

임원 〈「국민기초생활보장법」 제15조의4〉

㉠ 자활복지개발원에 원장 1명을 포함한 11명 이내의 이사와 감사 1명을 두며, 원장을 제외한 이사와 감사는 비상임으로 한다.

㉡ 원장과 감사는 정관으로 정하는 바에 따라 구성된 임원추천위원회가 복수로 추천한 사람 중에서 보건복지부장관이 임명한다.

㉢ 원장의 임기는 3년으로 하되, 1년을 단위로 연임할 수 있다.

㉣ 이사는 다음 각 호의 어느 하나에 해당하는 사람 중에서 보건복지부장관이 임명하되, 제1호 및 제2호의 경우에는 임원추천위원회의 추천을 받아 임명한다.

• 자활지원사업·사회복지 분야에 학식과 경험이 풍부한 사람

• 정보통신·교육훈련·경영·경제·금융 분야 중 어느 하나 이상의 분야에 학식과 경험이 풍부한 사람

• 보건복지부의 자활지원사업을 담당하는 공무원 또는 지방자치단체의 공무원

㉤ 원장 및 제4항제3호의 이사를 제외한 임원의 임기는 2년으로 하되, 1년을 단위로연 임할 수 있다.

㉥ 그 밖에 임원의 자격, 선임, 직무에 관하여 필요한 사항은 정관으로 정한다.

10 ②

자활기업 〈「국민기초생활보장법」 제18조〉

㉠ 수급자 및 차상위자는 상호 협력하여 자활기업을 설립·운영할 수 있다.

㉡ 자활기업을 설립·운영하려는 자는 다음 각 호의 요건을 모두 갖추어 보장기관의 인정을 받아야 한다.

• 조합 또는 「부가가치세법」상 사업자의 형태를 갖출 것

• 설립 및 운영 주체는 수급자 또는 차상위자를 2인 이상 포함하여 구성할 것. 다만, 설립 당시에는 수급자 또는 차상위자였으나, 설립 이후 수급자 또는 차상위자를 면하게 된 사람이 계속하여 그 구성원으로 있는 경우에는 수급자 또는 차상위자로 산정(算定)한다.

• 그 밖에 운영기준에 관하여 보건복지부장관이 정하는 사항을 갖출 것

㉢ 보장기관은 자활기업에게 직접 또는 자활복지개발원, 제15조의10에 따른 광역자활센터 및 제16조에 따른 지역자활센터를 통하여 다음 각 호의 지원을 할 수 있다.

• 자활을 위한 사업자금 융자

• 국유지·공유지 우선 임대

• 국가나 지방자치단체가 실시하는 사업의 우선 위탁

• 자활기업 운영에 필요한 경영·세무 등의 교육 및 컨설팅 지원

• 그 밖에 수급자의 자활촉진을 위한 각종 사업

㉣ 그 밖에 자활기업의 설립·운영 및 지원에 필요한 사항은 보건복지부령으로 정한다.

11 ④

자산형성의 대상 등 〈「국민기초생활보장법」 시행령 제21조의2 제3항〉 지원대상자는 제21조의3제1호에 따른 금융업무를 하는 기관에 다음 각 호의 어느 하나에 해당하는 용도로 저축을 하여야 한다.

㉠ 주택 구입비 또는 임대비

㉡ 본인 및 자녀의 고등교육비·기술훈련비

㉢ 사업의 창업자금 및 운영자금

㉣ 그 밖에 보건복지부장관이 정하여 고시하는 용도

12 ④

중앙생활정보위원회의 조직 및 구성 〈「국민기초생활보장법」 시행령 제27조 제3항〉
위원 중 관계 행정기관 소속 공무원은 다음 각 호의 사람으로 한다.
㉠ 기획재정부 제2차관
㉡ 교육부 차관
㉢ 행정안전부 차관
㉣ 고용노동부 차관
㉤ 국토교통부 제1차관

13 ②

생활보장위원회 〈「국민기초생활보장법」 제20조 제2항〉
보건복지부에 두는 생활보장위원회(이하 "중앙생활보장위원회"라 한다)는 다음 각 호의 사항을 심의 · 의결한다.
㉠ 제20조의2제3항에 따른 기초생활보장 종합계획의 수립
㉡ 소득인정액 산정방식과 기준 중위소득의 결정
㉢ 급여의 종류별 수급자 선정기준과 최저보장수준의 결정
㉣ 제20조의2제2항 및 제4항에 따른 급여기준의 적정성 등 평가 및 실태조사에 관한 사항
㉤ 급여의 종류별 누락 · 중복, 차상위계층의 지원사업 등에 대한 조정
㉥ 제18조의7에 따른 자활기금의 적립 · 관리 및 사용에 관한 지침의 수립
㉦ 그 밖에 위원장이 회의에 부치는 사항

14 ③

생활보장위원회 〈「국민기초생활보장법」 제20조 제3항〉
중앙생활보장위원회는 위원장을 포함하여 16명 이내의 위원으로 구성하고 위원은 보건 복지부장관이 다음 각 호의 어느 하나에 해당하는 사람 중에서 위촉 · 지명하며 위원장은 보건복지부장관으로 한다.

㉠ 공공부조 또는 사회복지와 관련된 학문을 전공한 전문가로서 대학의 조교수 이상인 사람 또는 연구기관의 연구원으로 재직 중인 사람 5명 이내
㉡ 공익을 대표하는 사람 5명 이내
㉢ 관계 행정기관 소속 3급 이상 공무원 또는 고위공무원단에 속하는 일반직공무원 5명 이내
소위원회 〈「국민기초생활보장법」 시행령 제27조의2 제2항〉
제1항에 따른 분야별 소위원회는 소위원회 위원장을 포함하여 13명 이내의 위원으로 구성하며, 소위원회 위원장은 중앙생활보장위원회 위원장(이하 "위원장"이라 한다. 이하 이 조에서 같다) 이 위원 중에서 지명한다.

15 ②

기초생활보장 계획의 수립 및 평가 〈「국민기초생활보장법」 제20조의2 제1항〉
소관 중앙행정기관의 장은 수급자의 최저생활을 보장하기 위하여 3년마다 소관별로 기초생활보장 기본계획을 수립하여 보건복지부장관에게 제출하여야 한다.

16 ④

급여의 신청 〈「국민기초생활보장법」 제21조〉
㉠ 수급권자와 그 친족, 그 밖의 관계인은 관할 시장 · 군수 · 구청장에게 수급권자에 대한 급여를 신청할 수 있다. 차상위자가 급여를 신청하려는 경우에도 같으며, 이 경우 신청방법과 절차 및 조사 등에 관하여는 제2항부터 제5항까지, 제22조, 제23조 및 제23조의2를 준용한다.

ⓛ 사회복지 전담공무원은 이 법에 따른 급여를 필요로 하는 사람이 누락되지 아니하도록 하기 위하여 관할지역에 거주하는 수급권자에 대한 급여를 직권으로 신청할 수 있다. 이 경우 수급권자의 동의를 구하여야 하며 수급권자의 동의는 수급권자의 신청으로 볼 수 있다.

ⓒ 제1항에 따라 급여신청을 할 때나 제2항에 따라 사회복지 전담공무원이 급여신청을 하는 것에 수급권자가 동의하였을 때에는 수급권자와 부양의무자는 다음 각 호의 자료 또는 정보의 제공에 대하여 동의한다는 서면을 제출하여야 한다.

• 「금융실명거래 및 비밀보장에 관한 법률」 제2조제2호 및 제3호에 따른 금융자산 및 금융거래의 내용에 대한 자료 또는 정보 중 예금의 평균잔액과 그 밖에 대통령령으로 정하는 자료 또는 정보(이하 "금융정보"라 한다)

• 「신용정보의 이용 및 보호에 관한 법률」 제2조제1호에 따른 신용정보 중 채무액과 그 밖에 대통령령으로 정하는 자료 또는 정보(이하 "신용정보"라 한다)

• 「보험업법」 제4조제1항 각 호에 따른 보험에 가입하여 낸 보험료와 그 밖에 대통령령으로 정하는 자료 또는 정보(이하 "보험정보"라 한다)

ⓔ 제1항에 따라 수급권자 등이 급여를 신청할 경우 사회복지 전담공무원은 신청한 사람이 급여에 관한 정보의 부족 등으로 불리한 입장에 놓이지 아니하도록 수급권자의 선정기준, 급여의 내용 및 신청방법 등을 알기 쉽게 설명하여야 한다.

ⓜ 시장·군수·구청장은 신청자에게 급여 신청의 철회나 포기를 유도하는 행위를 하여서는 아니 된다.

ⓗ 제1항 및 제2항에 따른 급여의 신청 방법 및 절차 등에 관하여 필요한 사항은 보건복지부령으로 정한다.

ⓢ 제3항에 따른 동의의 방법·절차 등에 관하여 필요한 사항은 대통령령으로 정한다.

17 ②

신청에 의한 조사 〈「국민기초생활보장법」 제22조 제1항〉

시장·군수·구청장은 제21조에 따른 급여신청이 있는 경우에는 사회복지 전담공무원으로 하여금 급여의 결정 및 실시 등에 필요한 다음 각 호의 사항을 조사하게 하거나 수급권자에게 보장기관이 지정하는 의료기관에서 검진을 받게 할 수 있다.

㉠ 부양의무자의 유무 및 부양능력 등 부양의무자와 관련된 사항

ⓛ 수급권자 및 부양의무자의 소득·재산에 관한 사항

ⓒ 수급권자의 근로능력, 취업상태, 자활욕구 등 제28조에 따른 자활지원계획 수립에 필요한 사항

ⓔ 그 밖에 수급권자의 건강상태, 가구 특성 등 생활실태에 관한 사항

18 ②

확인조사 〈「국민기초생활보장법」 제23조 제1항〉

시장·군수·구청장은 수급자 및 수급자에 대한 급여의 적정성을 확인하기 위하여 매년 연간조사계획을 수립하고 관할구역의 수급자를 대상으로 제22조제1항 각 호의 사항을 매년 1회 이상 정기적으로 조사하여야 하며, 특히 필요하다고 인정하는 경우에는 보장기관이 지정하는 의료기관에서 검진을 받게 할 수 있다. 다만, 보건복지부장관이 정하는 사항은 분기마다 조사하여야 한다.

19 ④

급여의 대리수령 등〈「국민기초생활보장법」 제27조의3 제1항〉

보장기관은 수급자가 다음 각 호의 어느 하나에 해당하는 경우에는 제27조의2제1항 본문에도 불구하고 수급자 또는 후견인의 동의를 받아 급여를 수급자의 배우자, 직계혈족 또는 3촌 이내의 방계혈족(이하 "배우자등"이라 한다) 명의의 계좌에 입금할 수 있다.

㉠ 피성년후견인인 경우

㉡ 채무불이행으로 금전채권이 압류된 경우

㉢ 그 밖에 대통령령으로 정하는 사유로 본인 명의의 계좌를 개설하기 어려운 경우

20 ①

보장시설의 장의 의무〈「국민기초생활보장법」 제33조〉

㉠ 보장시설의 장은 보장기관으로부터 수급자에 대한 급여를 위탁받은 경우에는 정당한 사유 없이 이를 거부하여서는 아니 된다.

㉡ 보장시설의 장은 위탁받은 수급자에게 보건복지부장관 및 소관 중앙행정기관의 장이 정하는 최저기준 이상의 급여를 실시하여야 한다.

㉢ 보장시설의 장은 위탁받은 수급자에게 급여를 실시할 때 성별·신앙 또는 사회적 신분 등을 이유로 차별대우를 하여서는 아니 된다.

㉣ 보장시설의 장은 위탁받은 수급자에게 급여를 실시할 때 수급자의 자유로운 생활을 보장하여야 한다.

㉤ 보장시설의 장은 위탁받은 수급자에게 종교상의 행위를 강제하여서는 아니 된다.

21 ③

신고의 의무〈「국민기초생활보장법」 제37조〉

수급자는 거주지역, 세대의 구성 또는 임대차 계약내용이 변동되거나 제22조제1항 각 호의 사항이 현저하게 변동되었을 때에는 지체 없이 관할 보장기관에 신고하여야 한다.

22 ①

시·도지사의 처분 등〈「국민기초생활보장법」 제38조〉

㉠ 수급자나 급여 또는 급여 변경을 신청한 사람은 시장·군수·구청장(제7조제1항제4호의 교육급여인 경우에는 시·도교육감을 말한다)의 처분에 대하여 이의가 있는 경우에는 그 결정의 통지를 받은 날부터 90일 이내에 해당 보장기관을 거쳐 시·도지사(특별자치시장·특별자치도지사 및 시·도교육감의 처분에 이의가 있는 경우에는 해당 특별자치시장·특별자치도지사 및 시·도교육감을 말한다)에게 서면 또는 구두로 이의를 신청할 수 있다. 이 경우 구두로 이의신청을 접수한 보장기관의 공무원은 이의신청서를 작성할 수 있도록 협조하여야 한다.

㉡ 제1항에 따른 이의신청을 받은 시장·군수·구청장은 10일 이내에 의견서와 관계서류를 첨부하여 시·도지사에게 보내야 한다.

23 ①

보장비용의 부담 구분〈「국민기초생활보장법」 제43조〉

㉠ 보장비용의 부담은 다음 각 호의 구분에 따른다.〈개정 2014. 12. 30.〉

• 국가 또는 시·도가 직접 수행하는 보장업무에 드는 비용은 국가 또는 해당 시·도가 부담한다.

• 제19조제2항에 따른 급여의 실시 비용은 국가 또는 해당 시·도가 부담한다.

- 시·군·구가 수행하는 보장업무에 드는 비용 중 제42조제1호 및 제2호의 비용은 해당 시·군·구가 부담한다.
- 시·군·구가 수행하는 보장업무에 드는 비용 중 제42조제3호 및 제4호의 비용 (이하 이 호에서 "시·군·구 보장비용"이라 한다)은 시·군·구의 재정여건, 사회 보장비 지출 등을 고려하여 국가, 시·도 및 시·군·구가 다음 각 목에 따라 차등하여 분담한다.
  - 가. 국가는 시·군·구 보장비용의 총액 중 100분의 40 이상 100분의 90이하를 부담한다.
  - 나. 시·도는 시·군·구 보장비용의 총액에서 가목의 국가부담분을 뺀 금액 중 100분의 30 이상 100분의 70 이하를 부담하고, 시·군·구는 시·군·구 보장비용의 총액 중에서 국가와 시·도가 부담하는 금액을 뺀 금액을 부담한다. 다만, 특별자치시·특별자치도는 시·군·구 보장비용의 총액 중에서 국가가 부담하는 금액을 뺀 금액을 부담한다.
  - ⓛ 국가는 매년 이 법에 따른 보장비용 중 국가부담 예정 합계액을 각각 보조금으로 지급하고, 그 과부족(過不足) 금액은 정산하여 추가로 지급하거나 반납하게 한다.
  - ⓒ 시·도는 매년 시·군·구에 대하여 제2항에 따른 국가의 보조금에, 제1항제4호에 따른 시·도의 부담예정액을 합하여 보조금으로 지급하고 그 과부족 금액은 정산하여 추가로 지급하거나 반납하게 한다.
  - ② 제2항 및 제3항에 따른 보조금의 산출 및 정산 방법 등에 관하여 필요한 사항은 대통령령으로 정한다.
  - ⓜ 지방자치단체의 조례에 따라 이 법에 따른 급여 범위 및 수준을 초과하여 급여를 실시하는 경우 그 초과 보장비용은 해당 지방자치단체가 부담한다.

24 ④

반환명령 〈「국민기초생활보장법」 제47조 제1항〉
보장기관은 급여의 변경 또는 급여의 정지·중지에 따라 수급자에게 이미 지급한 수급품 중 과잉지급분이 발생한 경우에는 즉시 수급자에 대하여 그 전부 또는 일부의 반환을 명하여야 한다. 다만, 이미 이를 소비하였거나 그 밖에 수급자에게 부득이한 사유가 있을 때에는 그 반환을 면제할 수 있다.

25 ②

벌칙 〈「국민기초생활보장법」 제49조〉
다음 각 호의 어느 하나에 해당하는 자는 1년 이하의 징역, 1천만원 이하의 벌금, 구류 또는 과료에 처한다.
  - ⊙ 거짓이나 그 밖의 부정한 방법으로 급여를 받거나 다른 사람으로 하여금 급여를 받게 한 자
  - ⓛ 제27조의3제3항을 위반하여 지급받은 급여를 목적 외의 용도로 사용한 자
- 벌칙 〈「국민기초생활보장법」 제49조의2〉
  제15조의8을 위반하여 직무상 알게 된 비밀을 누설하거나 다른 용도로 사용한 자는 1년 이하의 징역 또는 1천만 원 이하의 벌금에 처한다.
- 벌칙 〈「국민기초생활보장법」 제50조〉
  제33조제1항 또는 제5항을 위반하여 수급자의 급여 위탁을 성당한 사유 없이 거부한 자나 종교상의 행위를 강제한 자는 300만 원 이하의 벌금, 구류 또는 과료에 처한다.

PART

03

부록
관계법령

01 국민기초생활 보장법

[시행 2022. 1. 28.] [법률 제18325호, 2021. 7. 27., 일부개정]

제1장 총칙

제1조(목적) 이 법은 생활이 어려운 사람에게 필요한 급여를 실시하여 이들의 최저생활을 보장하고 자활을 돕는 것을 목적으로 한다.

제2조(정의) 이 법에서 사용하는 용어의 뜻은 다음과 같다.

1. "수급권자"란 이 법에 따른 급여를 받을 수 있는 자격을 가진 사람을 말한다.
2. "수급자"란 이 법에 따른 급여를 받는 사람을 말한다.
3. "수급품"이란 이 법에 따라 수급자에게 지급하거나 대여하는 금전 또는 물품을 말한다.
4. "보장기관"이란 이 법에 따른 급여를 실시하는 국가 또는 지방자치단체를 말한다.
5. "부양의무자"란 수급권자를 부양할 책임이 있는 사람으로서 수급권자의 1촌의 직계혈족 및 그 배우자를 말한다. 다만, 사망한 1촌의 직계혈족의 배우자는 제외한다.
6. "최저보장수준"이란 국민의 소득·지출 수준과 수급권자의 가구 유형 등 생활실태, 물가상승률 등을 고려하여 제6조에 따라 급여의 종류별로 공표하는 금액이나 보장수준을 말한다.
7. "최저생계비"란 국민이 건강하고 문화적인 생활을 유지하기 위하여 필요한 최소한의 비용으로서 제20조의2제4항에 따라 보건복지부장관이 계측하는 금액을 말한다.
8. "개별가구"란 이 법에 따른 급여를 받거나 이 법에 따른 자격요건에 부합하는지에 관한 조사를 받는 기본단위로서 수급자 또는 수급권자로 구성된 가구를 말한다. 이 경우 개별가구의 범위 등 구체적인 사항은 대통령령으로 정한다.
9. "소득인정액"이란 보장기관이 급여의 결정 및 실시 등에 사용하기 위하여 산출한 개별가구의 소득평가액과 재산의 소득환산액을 합산한 금액을 말한다.
10. "차상위계층"이란 수급권자(제14조의2에 따라 수급권자로 보는 사람은 제외한다)에 해당하지 아니하는 계층으로서 소득인정액이 대통령령으로 정하는 기준 이하인 계층을 말한다.
11. "기준 중위소득"이란 보건복지부장관이 급여의 기준 등에 활용하기 위하여 제20조제2항에 따른 중앙생활보장위원회의 심의·의결을 거쳐 고시하는 국민 가구소득의 중위값을 말한다.

제3조(급여의 기본원칙)

① 이 법에 따른 급여는 수급자가 자신의 생활의 유지·향상을 위하여 그의 소득, 재산, 근로능력 등을 활용하여 최대한 노력하는 것을 전제로 이를 보충·발전시키는 것을 기본원칙으로 한다.

② 부양의무자의 부양과 다른 법령에 따른 보호는 이 법에 따른 급여에 우선하여 행하여지는 것으로 한다. 다만, 다른 법령에 따른 보호의 수준이 이 법에서 정하는 수준에 이르지 아니하는 경우에는 나머지 부분에 관하여 이 법에 따른 급여를 받을 권리를 잃지 아니한다.

제4조(급여의 기준 등)

① 이 법에 따른 급여는 건강하고 문화적인 최저 생활을 유지할 수 있는 것이어야 한다.

② 이 법에 따른 급여의 기준은 수급자의 연령, 가구 규모, 거주지역, 그 밖의 생활여건 등을 고려하여 급여의 종류별로 보건복지부장관이 정하거나 급여를 지급하는 중앙행정기관의 장(이하 "소관 중앙행정기관의 장"이라 한다)이 보건복지부장관과 협의하여 정한다.

③ 보장기관은 이 법에 따른 급여를 개별가구 단위로 실시하되, 특히 필요하다고 인정하는 경우에는 개인 단위로 실시할 수 있다.

④ 지방자치단체인 보장기관은 해당 지방자치단체의 조례로 정하는 바에 따라 이 법에 따른 급여의 범위 및 수준을 초과하여 급여를 실시할 수 있다. 이 경우 해당 보장기관은 보건복지부장관 및 소관 중앙행정기관의 장에게 알려야 한다.

제4조의2(다른 법률과의 관계) 제11조 및 제12조의3에 따른 급여와 관련하여 다른 법률에 특별한 규정이 있는 경우를 제외하고는 이 법이 정하는 바에 따른다.

제5조 삭제

제5조의2(외국인에 대한 특례) 국내에 체류하고 있는 외국인 중 대한민국 국민과 혼인하여 본인 또는 배우자가 임신 중이거나 대한민국 국적의 미성년 자녀를 양육하고 있거나 배우자의 대한민국 국적인 직계존속(直系尊屬)과 생계나 주거를 같이 하고 있는 사람으로서 대통령령으로 정하는 사람이 이 법에 따른 급여를 받을 수 있는 자격을 가진 경우에는 수급권자가 된다.

제6조(최저보장수준의 결정 등)

① 보건복지부장관 또는 소관 중앙행정기관의 장은 급여의 종류별 수급자 선정기준 및 최저보장수준을 결정하여야 한다.

② 보건복지부장관 또는 소관 중앙행정기관의 장은 매년 8월 1일까지 제20조제2항에 따른 중앙생활보장위원회의 심의 · 의결을 거쳐 다음 연도의 급여의 종류별 수급자 선정기준 및 최저보장수준을 공표하여야 한다.

③ 삭제

제6조의2(기준 중위소득의 산정)

① 기준 중위소득은 「통계법」 제27조에 따라 통계청이 공표하는 통계자료의 가구 경상소득(근로소득, 사업소득, 재산소득, 이전소득을 합산한 소득을 말한다)의 중간값에 최근 가구소득 평균 증가율, 가구규모에 따른 소득수준의 차이 등을 반영하여 가구규모별로 산정한다.

② 그 밖에 가구규모별 소득수준 반영 방법 등 기준 중위소득의 산정에 필요한 사항은 제20조제2항에 따른 중앙생활보장위원회에서 정한다.

제6조의3(소득인정액의 산정)

① 제2조제9호에 따른 개별가구의 소득평가액은 개별가구의 실제소득에도 불구하고 보장기관이 급여의 결정 및 실시 등에 사용하기 위하여 산출한 금액으로 다음 각 호의 소득을 합한 개별가구의 실제소득에서 장애 · 질병 · 양육 등 가구 특성에 따른 지출요인, 근로를 유인하기 위한 요인, 그 밖에 추가적인 지출요인에 해당하는 금액을 감하여 산정한다.

  1. 근로소득
  2. 사업소득
  3. 재산소득
  4. 이전소득

② 제2조제9호에 따른 재산의 소득환산액은 개별가구의 재산가액에서 기본재산액(기초생활의 유지에 필요하다고 보건복지부장관이 정하여 고시하는 재산액을 말한다) 및 부채를 공제한 금액에 소득환산율을 곱하여 산정한다. 이 경우 소득으로 환산하는 재산의 범위는 다음 각 호와 같다.

1. 일반재산(금융재산 및 자동차를 제외한 재산을 말한다)
2. 금융재산
3. 자동차

③ 실제소득, 소득평가액 및 재산의 소득환산액의 산정을 위한 구체적인 범위·기준 등은 대통령령으로 정한다.

제2장 급여의 종류와 방법

제7조(급여의 종류)

① 이 법에 따른 급여의 종류는 다음 각 호와 같다.
1. 생계급여
2. 주거급여
3. 의료급여
4. 교육급여
5. 해산급여(解産給與)
6. 장제급여(葬祭給與)
7. 자활급여

② 수급권자에 대한 급여는 수급자의 필요에 따라 제1항제1호부터 제7호까지의 급여의 전부 또는 일부를 실시하는 것으로 한다.

③ 차상위계층에 속하는 사람(이하 "차상위자"라 한다)에 대한 급여는 보장기관이 차상위자의 가구별 생활여건을 고려하여 예산의 범위에서 제1항제2호부터 제4호까지, 제6호 및 제7호에 따른 급여의 전부 또는 일부를 실시할 수 있다. 이 경우 차상위자에 대한 급여의 기준 및 절차 등에 관하여 필요한 사항은 대통령령으로 정한다.

④ 삭제

제8조(생계급여의 내용 등)

① 생계급여는 수급자에게 의복, 음식물 및 연료비와 그 밖에 일상생활에 기본적으로 필요한 금품을 지급하여 그 생계를 유지하게 하는 것으로 한다.

② 생계급여 수급권자는 부양의무자가 없거나, 부양의무자가 있어도 부양능력이 없거나 부양을 받을 수 없는 사람으로서 그 소득인정액이 제20조제2항에 따른 중앙생활보장위원회의 심의·의결을 거쳐 결정하는 금액(이하 이 조에서 "생계급여 선정기준"이라 한다) 이하인 사람으로 한다. 이 경우 생계급여 선정기준은 기준 중위소득의 100분의 30 이상으로 한다.

③ 생계급여 최저보장수준은 생계급여와 소득인정액을 포함하여 생계급여 선정기준 이상이 되도록 하여야 한다.

④ 제2항 및 제3항에도 불구하고 제10조제1항 단서에 따라 제32조에 따른 보장시설에 위탁하여 생계급여를 실시하는 경우에는 보건복지부장관이 정하는 고시에 따라 그 선정기준 등을 달리 정할 수 있다.

제8조의2(부양능력 등)

① 부양의무자가 다음 각 호의 어느 하나에 해당하는 경우에는 제8조제2항, 제12조제3항, 제12조의3제2항에 따른 부양능력이 없는 것으로 본다.
1. 기준 중위소득 수준을 고려하여 대통령령으로 정하는 소득·재산 기준 미만인 경우
2. 직계존속 또는 「장애인연금법」 제2조제1호의 중증장애인인 직계비속을 자신의 주거에서 부양하는 경우로서 보건복지부장관이 정하여 고시하는 경우
3. 그 밖에 질병, 교육, 가구 특성 등으로 부양능력이 없다고 보건복지부장관이 정하는 경우

② 부양의무자가 다음 각 호의 어느 하나에 해당하는 경우에는 제8조제2항, 제12조제3항, 제12조의3제2항에 따른 부양을 받을 수 없는 것으로 본다.
1. 부양의무자가 「병역법」에 따라 징집되거나 소집된 경우
2. 부양의무자가 「해외이주법」 제2조의 해외이주자에 해당하는 경우

3. 부양의무자가 「형의 집행 및 수용자의 처우에 관한 법률」 및 「치료감호법」 등에 따른 교도소, 구치소, 치료감호시설 등에 수용 중인 경우
4. 부양의무자에 대하여 실종선고 절차가 진행 중인 경우
5. 부양의무자가 제32조의 보장시설에서 급여를 받고 있는 경우
6. 부양의무자의 가출 또는 행방불명으로 경찰서 등 행정관청에 신고된 후 1개월이 지났거나 가출 또는 행방불명 사실을 특별자치시장·특별자치도지사·시장·군수·구청장(자치구의 구청장을 말한다. 이하 "시장·군수·구청장"이라 한다)이 확인한 경우
7. 부양의무자가 부양을 기피하거나 거부하는 경우
8. 그 밖에 부양을 받을 수 없는 것으로 보건복지부장관이 정하는 경우

③ 「아동복지법」 제15조제1항제2호부터 제4호까지(제2호의 경우 친권자인 보호자는 제외한다)에 따라 부양 대상 아동이 보호조치된 경우에는 제8조제2항, 제12조제3항, 제12조의3제2항에 따른 부양을 받을 수 없는 것으로 본다.

제9조(생계급여의 방법)

① 생계급여는 금전을 지급하는 것으로 한다. 다만, 금전으로 지급할 수 없거나 금전으로 지급하는 것이 적당하지 아니하다고 인정하는 경우에는 물품을 지급할 수 있다.

② 제1항의 수급품은 대통령령으로 정하는 바에 따라 매월 정기적으로 지급하여야 한다. 다만, 특별한 사정이 있는 경우에는 그 지급방법을 다르게 정하여 지급할 수 있다.

③ 제1항의 수급품은 수급자에게 직접 지급한다. 다만, 제10조제1항 단서에 따라 제32조에 따른 보장시설이나 타인의 가정에 위탁하여 생계급여를 실시하는 경우에는 그 위탁받은 사람에게 이를 지급할 수 있다. 이 경우 보장기관은 보건복지부장관이 정하는 바에 따라 정기적으로 수급자의 수급 여부를 확인하여야 한다.

④ 생계급여는 보건복지부장관이 정하는 바에 따라 수급자의 소득인정액 등을 고려하여 차등지급할 수 있다.

⑤ 보장기관은 대통령령으로 정하는 바에 따라 근로능력이 있는 수급자에게 자활에 필요한 사업에 참가할 것을 조건으로 하여 생계급여를 실시할 수 있다. 이 경우 보장기관은 제28조에 따른 자활지원계획을 고려하여 조건을 제시하여야 한다.

제10조(생계급여를 실시할 장소)

① 생계급여는 수급자의 주거에서 실시한다. 다만, 수급자가 주거가 없거나 주거가 있어도 그곳에서는 급여의 목적을 달성할 수 없는 경우 또는 수급자가 희망하는 경우에는 수급자를 제32조에 따른 보장시설이나 타인의 가정에 위탁하여 급여를 실시할 수 있다.

② 제1항에 따라 수급자에 대한 생계급여를 타인의 가정에 위탁하여 실시하는 경우에는 거실의 임차료와 그 밖에 거실의 유지에 필요한 비용은 수급품에 가산하여 지급한다. 이 경우 제7조제1항제2호의 주거급여가 실시된 것으로 본다.

제11조(주거급여)

① 주거급여는 수급자에게 주거 안정에 필요한 임차료, 수선유지비, 그 밖의 수급품을 지급하는 것으로 한다.

② 주거급여에 관하여 필요한 사항은 따로 법률에서 정한다.

제12조(교육급여)

① 교육급여는 수급자에게 입학금, 수업료, 학용품비, 그 밖의 수급품을 지급하는 것으로 하되, 학교의 종류·범위 등에 관하여 필요한 사항은 대통령령으로 정한다.

② 교육급여는 교육부장관의 소관으로 한다.

③ 교육급여 수급권자는 부양의무자가 없거나, 부양의무자가 있어도 부양능력이 없거나 부양을 받을 수 없는 사람으로서 그 소득인정액이 제20조제2항에 따른 중앙생활보장위원회의 심의·의결을 거쳐 결정하는 금액(이하 "교육급여 선정기준"이라 한다) 이하인 사람으로 한다. 이 경우 교육급여 선정기준은 기준 중위소득의 100분의 50 이상으로 한다.

④ 교육급여의 신청 및 지급 등에 대하여는 「초·중등교육법」 제60조의4부터 제60조의9까지 및 제62조제3항에 따른 교육비 지원절차를 준용한다.

제12조의2(교육급여의 적용특례) 교육급여 수급권자를 선정하는 경우에는 제12조제1항의 교육급여와 「초·중등교육법」 제60조의4에 따른 교육비 지원과의 연계·통합을 위하여 제3조제2항 및 제12조제3항에도 불구하고 소득인정액이 교육급여 선정기준 이하인 사람을 수급권자로 본다.

제12조의3(의료급여)

① 의료급여는 수급자에게 건강한 생활을 유지하는 데 필요한 각종 검사 및 치료 등을 지급하는 것으로 한다.

② 의료급여 수급권자는 부양의무자가 없거나, 부양의무자가 있어도 부양능력이 없거나 부양을 받을 수 없는 사람으로서 그 소득인정액이 제20조제2항에 따른 중앙생활보장위원회의 심의·의결을 거쳐 결정하는 금액(이하 이 항에서 "의료급여 선정기준"이라 한다) 이하인 사람으로 한다. 이 경우 의료급여 선정기준은 기준 중위소득의 100분의 40 이상으로 한다.

③ 의료급여에 필요한 사항은 따로 법률에서 정한다.

제13조(해산급여)

① 해산급여는 제7조제1항제1호부터 제3호까지의 급여 중 하나 이상의 급여를 받는 수급자에게 다음 각 호의 급여를 실시하는 것으로 한다.

1. 조산(助産)
2. 분만 전과 분만 후에 필요한 조치와 보호

② 해산급여는 보건복지부령으로 정하는 바에 따라 보장기관이 지정하는 의료기관에 위탁하여 실시할 수 있다.

③ 해산급여에 필요한 수급품은 보건복지부령으로 정하는 바에 따라 수급자나 그 세대주 또는 세대주에 준하는 사람에게 지급한다. 다만, 제2항에 따라 그 급여를 의료기관에 위탁하는 경우에는 수급품을 그 의료기관에 지급할 수 있다.

제14조(장제급여)

① 장제급여는 제7조제1항제1호부터 제3호까지의 급여 중 하나 이상의 급여를 받는 수급자가 사망한 경우 사체의 검안(檢案)·운반·화장 또는 매장, 그 밖의 장제조치를 하는 것으로 한다.

② 장제급여는 보건복지부령으로 정하는 바에 따라 실제로 장제를 실시하는 사람에게 장제에 필요한 비용을 지급하는 것으로 한다. 다만, 그 비용을 지급할 수 없거나 비용을 지급하는 것이 적당하지 아니하다고 인정하는 경우에는 물품을 지급할 수 있다.

제14조의2(급여의 특례) 제8조, 제11조, 제12조, 제12조의3, 제13조, 제14조 및 제15조에 따른 수급권자에 해당하지 아니하여도 생활이 어려운 사람으로서 일정 기간 동안 이 법에서 정하는 급여의 전부 또는 일부가 필요하다고 보건복지부장관 또는 소관 중앙행정기관의 장이 정하는 사람은 수급권자로 본다.

제15조(자활급여)

① 자활급여는 수급자의 자활을 돕기 위하여 다음 각 호의 급여를 실시하는 것으로 한다.

1. 자활에 필요한 금품의 지급 또는 대여
2. 자활에 필요한 근로능력의 향상 및 기능습득의 지원
3. 취업알선 등 정보의 제공
4. 자활을 위한 근로기회의 제공
5. 자활에 필요한 시설 및 장비의 대여

6. 창업교육, 기능훈련 및 기술·경영 지도 등 창업지원

7. 자활에 필요한 자산형성 지원

8. 그 밖에 대통령령으로 정하는 자활을 위한 각종 지원

② 제1항의 자활급여는 관련 공공기관·비영리법인·시설과 그 밖에 대통령령으로 정하는 기관에 위탁하여 실시할 수 있다. 이 경우 그에 드는 비용은 보장기관이 부담한다.

제2장의2 자활 지원

제15조의2(한국자활복지개발원)

① 수급자 및 차상위자의 자활촉진에 필요한 사업을 수행하기 위하여 한국자활복지개발원(이하 "자활복지개발원"이라 한다)을 설립한다.

② 자활복지개발원은 법인으로 한다.

③ 자활복지개발원은 그 주된 사무소의 소재지에서 설립등기를 함으로써 성립한다.

④ 보건복지부장관은 자활복지개발원을 지도·감독하며 자활복지개발원에 대하여 업무·회계 및 재산에 관하여 필요한 사항을 보고하게 하거나 소속 공무원에게 자활복지개발원에 출입하여 장부, 서류, 그 밖의 물건을 검사하게 할 수 있다.

⑤ 제1항에서 제4항까지에서 규정한 사항 외에 자활복지개발원의 정관, 이사회, 회계, 그 밖에 자활복지개발원의 설립·운영에 필요한 사항은 대통령령으로 정한다.

제15조의3(자활복지개발원의 업무)

① 자활복지개발원은 다음 각 호의 사업을 수행한다.

1. 자활 지원을 위한 사업(이하 "자활지원사업"이라 한다)의 개발 및 평가

2. 자활 지원을 위한 조사·연구 및 홍보

3. 제15조의10에 따른 광역자활센터, 제16조에 따른 지역자활센터 및 제18조에 따른 자활기업의 기술·경영 지도 및 평가

4. 자활 관련 기관 간의 협력체계 구축·운영

5. 자활 관련 기관 간의 정보네트워크 구축·운영

6. 취업·창업을 위한 자활촉진 프로그램 개발 및 지원

7. 제18조의6제2항 및 제3항에 따른 고용지원서비스의 연계 및 사회복지서비스의 지원 대상자 관리

8. 수급자 및 차상위자의 자활촉진을 위한 교육·훈련, 제15조의10에 따른 광역자활센터 등 자활 관련 기관의 종사자 및 참여자에 대한 교육·훈련 및 지원

9. 국가 또는 지방자치단체로부터 위탁받은 자활 관련 사업

10. 그 밖에 자활촉진에 필요한 사업으로서 보건복지부장관이 정하는 사업

② 제1항제5호 및 제7호에 따라 구축·운영되는 정보시스템은 「사회복지사업법」 제6조의2제1항에 따른 정보시스템 및 「사회보장기본법」 제37조제2항에 따른 사회보장정보시스템과 연계할 수 있다.

③ 자활복지개발원장은 제1항제8호에 따른 교육·훈련을 위하여 자활복지개발원에 한국자활연수원을 둔다.

제15조의4(임원)

① 자활복지개발원에 원장 1명을 포함한 11명 이내의 이사와 감사 1명을 두며, 원장을 제외한 이사와 감사는 비상임으로 한다.

② 원장과 감사는 정관으로 정하는 바에 따라 구성된 임원추천위원회가 복수로 추천한 사람 중에서 보건복지부장관이 임명한다.

③ 원장의 임기는 3년으로 하되, 1년을 단위로 연임할 수 있다.

④ 이사는 다음 각 호의 어느 하나에 해당하는 사람 중에서 보건복지부장관이 임명하되, 제1호 및 제2호의 경우에는 임원추천위원회의 추천을 받아 임명한다.

1. 자활지원사업·사회복지 분야에 학식과 경험이 풍부한 사람
2. 정보통신·교육훈련·경영·경제·금융 분야 중 어느 하나 이상의 분야에 학식과 경험이 풍부한 사람
3. 보건복지부의 자활지원사업을 담당하는 공무원 또는 지방자치단체의 공무원

⑤ 원장 및 제4항제3호의 이사를 제외한 임원의 임기는 2년으로 하되, 1년을 단위로 연임할 수 있다.

⑥ 그 밖에 임원의 자격, 선임, 직무에 관하여 필요한 사항은 정관으로 정한다.

제15조의5(직원의 파견 등)

① 자활복지개발원은 그 목적의 달성과 전문성의 향상을 위하여 필요한 경우에는 보건복지부장관을 거쳐 국가기관·지방자치단체·연구기관 또는 공공단체에 직원의 파견을 요청할 수 있다.

② 직원의 파견을 요청받은 국가기관 등의 장은 그 소속 직원을 자활복지개발원에 파견할 수 있다.

제15조의6(국가의 보조 등)

① 국가는 자활복지개발원의 설립·운영에 필요한 경비의 전부 또는 일부를 보조하거나 출연할 수 있다.

② 국가는 자활복지개발원의 설립·운영을 위하여 필요하다고 인정하는 경우 「국유재산특례제한법」에 따라 국유재산을 자활복지개발원에 무상으로 대부·양여하거나 사용·수익하게 할 수 있다.

제15조의7(「민법」의 준용) 자활복지개발원에 관하여 이 법에서 규정한 것을 제외하고는 「민법」 중 재단법인에 관한 규정을 준용한다.

제15조의8(비밀누설 등의 금지) 자활복지개발원의 임직원 또는 임직원이었던 자는 직무상 알게 된 비밀을 누설하거나 다른 용도로 사용해서는 아니 된다.

제15조의9(벌칙 적용에서 공무원 의제) 자활복지개발원의 임직원은 「형법」 제129조부터 제132조까지의 규정을 적용할 때에는 공무원으로 본다.

제15조의10(광역자활센터)

① 보장기관은 수급자 및 차상위자의 자활촉진에 필요한 다음 각 호의 사업을 수행하게 하기 위하여 사회복지법인, 사회적협동조합 등 비영리법인과 단체(이하 이 조에서 "법인등"이라 한다)를 법인등의 신청을 받아 특별시·광역시·특별자치시·도·특별자치도(이하 "시·도"라 한다) 단위의 광역자활센터로 지정한다. 이 경우 보장기관은 법인등의 지역사회복지사업 및 자활지원사업의 수행 능력·경험 등을 고려하여야 한다.

1. 시·도 단위의 자활기업 창업지원
2. 시·도 단위의 수급자 및 차상위자에 대한 취업·창업 지원 및 알선
3. 제16조에 따른 지역자활센터 종사자 및 참여자에 대한 교육훈련 및 지원
4. 지역특화형 자활프로그램 개발·보급 및 사업개발 지원
5. 제16조에 따른 지역자활센터 및 제18조에 따른 자활기업에 대한 기술·경영 지도
6. 그 밖에 자활촉진에 필요한 사업으로서 보건복지부장관이 정하는 사업

② 보장기관은 광역자활센터의 설치 및 운영에 필요한 경비의 전부 또는 일부를 보조할 수 있다.

③ 보장기관은 광역자활센터에 대하여 정기적으로 사업실적 및 운영실태를 평가하고 수급자의 자활촉진을 달성하지 못하는 광역자활센터에 대해서는 그 지정을 취소할 수 있다.

④ 제1항부터 제3항까지에서 규정한 사항 외에 광역자활센터의 신청·지정 및 취소 절차와 평가, 그 밖에 운영에 필요한 사항은 보건복지부령으로 정한다.

제16조(지역자활센터 등)

① 보장기관은 수급자 및 차상위자의 자활 촉진에 필요한 다음 각 호의 사업을 수행하게 하기 위하여 사회복지법인, 사회적협동조합 등 비영리법인과 단체(이하 이 조에서 "법인등"이라 한다)를 법인등의 신청을 받아 지역자활센터로 지정할 수 있다. 이 경우 보장기관은 법인등의 지역사회복지사업 및 자활지원사업 수행능력 · 경험 등을 고려하여야 한다.

1. 자활의욕 고취를 위한 교육
2. 자활을 위한 정보제공, 상담, 직업교육 및 취업알선
3. 생업을 위한 자금융자 알선
4. 자영창업 지원 및 기술 · 경영 지도
5. 제18조에 따른 자활기업의 설립 · 운영 지원
6. 그 밖에 자활을 위한 각종 사업

② 보장기관은 제1항에 따라 지정을 받은 지역자활센터에 대하여 다음 각 호의 지원을 할 수 있다.

1. 지역자활센터의 설립 · 운영 비용 또는 제1항 각 호의 사업수행 비용의 전부 또는 일부
2. 국유 · 공유 재산의 무상임대
3. 보장기관이 실시하는 사업의 우선 위탁

③ 보장기관은 지역자활센터에 대하여 정기적으로 사업실적 및 운영실태를 평가하고 수급자의 자활촉진을 달성하지 못하는 지역자활센터에 대하여는 그 지정을 취소할 수 있다.

④ 지역자활센터는 수급자 및 차상위자에 대한 효과적인 자활 지원과 지역자활센터의 발전을 공동으로 도모하기 위하여 지역자활센터협회를 설립할 수 있다.

⑤ 제1항부터 제3항까지에서 규정한 사항 외에 지역자활센터의 신청 · 지정 및 취소 절차와 평가, 그 밖에 운영 등에 필요한 사항은 보건복지부령으로 정한다.

제17조(자활기관협의체)

① 시장 · 군수 · 구청장은 자활지원사업의 효율적인 추진을 위하여 제16조에 따른 지역자활센터, 「직업안정법」 제2조의2제1호의 직업안정기관, 「사회복지사업법」 제2조제4호의 사회복지시설의 장 등과 상시적인 협의체계(이하 "자활기관협의체"라 한다)를 구축하여야 한다.

② 자활기관협의체의 구성 및 운영 등에 필요한 사항은 보건복지부령으로 정한다.

제18조(자활기업)

① 수급자 및 차상위자는 상호 협력하여 자활기업을 설립 · 운영할 수 있다.

② 제1항에 따른 자활기업을 설립 · 운영하려는 자는 다음 각 호의 요건을 모두 갖추어 보장기관의 인정을 받아야 한다.

1. 조합 또는 「부가가치세법」상 사업자의 형태를 갖출 것
2. 설립 및 운영 주체는 수급자 또는 차상위자를 2인 이상 포함하여 구성할 것. 다만, 설립 당시에는 수급자 또는 차상위자였으나, 설립 이후 수급자 또는 차상위자를 면하게 된 사람이 계속하여 그 구성원으로 있는 경우에는 수급자 또는 차상위자로 산정(算定)한다.
3. 그 밖에 운영기준에 관하여 보건복지부장관이 정하는 사항을 갖출 것

③ 보장기관은 자활기업에게 직접 또는 자활복지개발원, 제15조의10에 따른 광역자활센터 및 제16조에 따른 지역자활센터를 통하여 다음 각 호의 지원을 할 수 있다.

1. 자활을 위한 사업자금 융자
2. 국유지 · 공유지 우선 임대
3. 국가나 지방자치단체가 실시하는 사업의 우선 위탁
4. 삭제
5. 자활기업 운영에 필요한 경영 · 세무 등의 교육 및 컨설팅 지원

6. 그 밖에 수급자의 자활촉진을 위한 각종 사업

④ 그 밖에 자활기업의 설립·운영, 인정 및 지원에 필요한 사항은 보건복지부령으로 정한다.

제18조의2(공공기관의 우선구매)

① 「중소기업제품 구매촉진 및 판로지원에 관한 법률」 제2조제2호에 따른 공공기관의 장(이하 "공공기관의 장"이라 한다)은 자활기업이 직접 생산하는 물품, 제공하는 용역 및 수행하는 공사(이하 "자활기업생산품"이라 한다)의 우선구매를 촉진하여야 한다.

② 공공기관의 장은 소속 기관 등에 대한 평가를 시행하는 경우에는 자활기업생산품의 구매실적을 포함하여야 한다.

제18조의3(보고 등)

① 자활기업은 보건복지부장관이 정하는 바에 따라 설립·운영현황, 사업실적 등의 사항을 적은 사업보고서를 작성하여 매 회계연도 4월 말 및 10월 말까지 보장기관에 제출하여야 한다.

② 보장기관은 자활기업을 지도·감독하며, 필요하다고 인정하는 경우에는 자활기업과 그 구성원에 대하여 업무에 필요한 보고나 관계 서류의 제출을 명할 수 있다.

③ 보장기관은 제1항 및 제2항에 따른 보고 사항의 검토 및 지도·감독을 한 결과 필요하면 시정을 명할 수 있다. 다만, 제18조제2항에 따른 인정요건을 갖추지 못하게 된 경우에는 시정을 명하여야 한다.

제18조의4(자활기업의 인정취소)

① 보장기관은 자활기업이 다음 각 호의 어느 하나에 해당하게 되면 인정을 취소할 수 있다. 다만, 제1호에 해당하면 인정을 취소하여야 한다.
 1. 거짓이나 그 밖의 부정한 방법으로 인정을 받은 경우
 2. 제18조제2항에 따른 인정요건을 갖추지 못하게 된 경우

3. 거짓이나 그 밖의 부정한 방법으로 이 법 또는 다른 법령에 따른 재정 지원을 받았거나 받으려고 한 경우
 4. 경영 악화 등으로 자진하여 인정취소를 요청하는 경우
 5. 제18조의3제3항에 따른 시정명령을 2회 이상 받고도 시정하지 아니한 경우

② 보장기관은 제1항제1호·제3호·제5호의 이유로 인정이 취소된 기업 또는 해당 기업과 실질적 동일성이 인정되는 기업에 대하여는 그 취소된 날부터 3년이 지나지 아니한 경우에는 인정하여서는 아니 된다.

③ 제1항에 따른 인정취소의 세부기준 및 제2항에 따른 실질적 동일성이 인정되는 기업의 기준 등에 관하여 필요한 사항은 보건복지부령으로 정한다.

제18조의5(유사명칭의 사용금지) 자활기업이 아닌 자는 자활기업 또는 이와 유사한 명칭을 사용하여서는 아니 된다.

제18조의6(고용촉진)

① 보장기관은 수급자 및 차상위자의 고용을 촉진하기 위하여 상시근로자의 일정비율 이상을 수급자 및 차상위자로 채용하는 기업에 대하여는 대통령령으로 정하는 바에 따라 제18조제3항 각 호에 해당하는 지원을 할 수 있다.

② 시장·군수·구청장은 수급자 및 차상위자에게 가구별 특성을 감안하여 관련 기관의 고용지원서비스를 연계할 수 있다.

③ 시장·군수·구청장은 수급자 및 차상위자의 취업활동으로 인하여 지원이 필요하게 된 해당 가구의 아동·노인 등에게 사회복지서비스를 지원할 수 있다.

제18조의6(고용촉진)

① 보장기관은 수급자 및 차상위자의 고용을 촉진하기 위하여 상시근로자의 일정비율 이상을 수급자 및 차상위자로 채용하는 기업에 대하여는 대통령령으로 정하는 바에 따라 제18조제3항 각 호에 해당하는 지원을 할 수 있다.

② 시장·군수·구청장은 수급자 및 차상위자에게 가구별 특성을 고려하여 관련 기관의 고용지원서비스를 연계할 수 있다.

③ 시장·군수·구청장은 수급자 및 차상위자의 취업활동으로 인하여 지원이 필요하게 된 해당 가구의 아동·노인 등에게 사회복지서비스를 지원할 수 있다.

제18조의7(자활기금의 적립)

① 보장기관은 이 법에 따른 자활지원사업의 원활한 추진을 위하여 자활기금을 적립한다.

② 보장기관은 자활지원사업의 효율적 추진을 위하여 필요하다고 인정하는 경우에는 자활기금의 관리·운영을 자활복지개발원 또는 자활지원사업을 수행하는 비영리법인에 위탁할 수 있다. 이 경우 그에 드는 비용은 보장기관이 부담한다.

③ 제1항에 따른 자활기금의 적립에 필요한 사항은 대통령령으로 정한다.

제18조의8(자산형성지원)

① 보장기관은 수급자 및 차상위자가 자활에 필요한 자산을 형성할 수 있도록 재정적인 지원을 할 수 있다.

② 보장기관은 수급자 및 차상위자가 자활에 필요한 자산을 형성하는 데 필요한 교육을 실시할 수 있다.

③ 제1항에 따른 지원으로 형성된 자산은 대통령령으로 정하는 바에 따라 수급자의 재산의 소득환산액 산정 시 이를 포함하지 아니한다.

④ 보장기관은 제1항 및 제2항에 따른 자산형성지원과 그 교육에 관한 업무의 전부 또는 일부를 자활복지개발원 등의 법인 또는 단체 등에 위탁할 수 있다.

⑤ 제1항에 따른 자산형성지원의 대상과 기준 및 제2항에 따른 교육의 내용은 대통령령으로 정하고, 자산형성지원의 신청, 방법 및 지원금의 반환절차 등에 필요한 사항은 보건복지부령으로 정한다.

제18조의8(자산형성지원)

① 보장기관은 수급자 및 차상위자가 자활에 필요한 자산을 형성할 수 있도록 재정적인 지원을 할 수 있다. 다만, 「청년기본법」 제3조제1호의 청년으로서 대통령령으로 정하는 소득·재산 기준을 충족하는 사람은 다른 규정에도 불구하고 이 법에 따른 자산형성지원의 대상으로 본다.

② 보장기관은 제1항의 자산형성지원 대상자가 자활에 필요한 자산을 형성하는 데 필요한 교육을 실시할 수 있다.

③ 제1항에 따른 지원으로 형성된 자산은 대통령령으로 정하는 바에 따라 수급자의 재산의 소득환산액 산정 시 이를 포함하지 아니한다.

④ 보장기관은 제1항 및 제2항에 따른 자산형성지원과 그 교육에 관한 업무의 전부 또는 일부를 자활복지개발원 등의 법인 또는 단체 등에 위탁할 수 있다.

⑤ 제1항에 따른 자산형성지원의 대상과 기준 및 제2항에 따른 교육의 내용은 대통령령으로 정하고, 자산형성지원의 신청, 방법 및 지원금의 반환절차 등에 필요한 사항은 보건복지부령으로 정한다.

제18조의9(자활의 교육 등)

① 보건복지부장관, 특별시장·광역시장·특별자
치시장·도지사·특별자치도지사(이하 "시·도
지사"라 한다), 시장·군수·구청장은 수급자
및 차상위자의 자활촉진을 위하여 교육을 실시
할 수 있다.

② 보건복지부장관은 제1항에 따른 교육의 전부
또는 일부를 법인·단체 등에 위탁할 수 있다.

③ 보건복지부장관은 제2항에 따른 교육을 위탁받
은 법인·단체 등에 대하여 그 운영에 필요한
비용을 지원할 수 있다.

④ 제1항부터 제3항까지에 따른 교육과 교육기관
의 조직·운영 등에 필요한 사항은 보건복지부
장관이 정한다.

제18조의10(자활지원사업 통합정보전산망의 구축
·운영 등)

① 보건복지부장관은 근로능력이 있는 수급자 등
자활지원사업 참여자의 수급이력 및 근로활동
현황 등 자활지원사업의 수행·관리 및 효과분
석에 필요한 각종 자료 및 정보를 효율적으로
처리하고 기록·관리하는 자활지원사업 통합정
보전산망(이하 "통합정보전산망"이라 한다)을
구축·운영할 수 있다.

② 보건복지부장관은 통합정보전산망의 구축·운
영을 위하여 고용노동부, 국가보훈처, 국세청
등 국가기관과 지방자치단체의 장 및 관련 기
관·단체의 장에게 다음 각 호의 자료 제공 및
관계 전산망의 이용을 요청할 수 있다. 이 경
우 자료의 제공 등을 요청받은 기관의 장은 정
당한 사유가 없으면 그 요청에 따라야 한다.

　1. 사업자등록부

　2. 국민건강보험·국민연금·고용보험·산업재
해보상보험·보훈급여·공무원연금·군인연
금·사립학교교직원연금·별정우체국연금의
가입 여부, 소득정보, 가입종별, 부과액 및
수급액

　3. 사회보장급여 수급이력

　4. 국가기술자격 취득 정보

③ 보건복지부장관은 제2항에 따른 자료 및 관계
전산망의 이용 등 통합정보전산망의 구축·운
영에 필요한 자료의 조사를 위하여 「사회보장
기본법」 제37조제2항에 따른 사회보장정보시
스템을 연계하여 사용할 수 있다.

④ 자활지원사업을 수행하는 중앙행정기관, 지방
자치단체 및 위탁받은 기관·단체의 장과 자활
복지개발원의 원장은 자활지원사업의 수행·관
리 및 효과분석을 위하여 제2항 각 호의 정보
를 활용하고자 하는 경우 보건복지부장관에게
통합정보전산망의 사용을 요청할 수 있다.

⑤ 보건복지부장관은 통합정보전산망 구축·운영
에 관한 업무의 전부 또는 일부를 자활복지개
발원에 위탁할 수 있다.

⑥ 제2항부터 제4항까지에 따른 자료 또는 관계
전산망의 이용 및 제공에 대해서는 수수료·사
용료 등을 면제한다.

제18조의11(개인정보의 보호)

① 보건복지부장관은 제18조의10제4항에 따른 수
행기관의 통합정보전산망 사용 요청에 대하여
같은 조 제2항 각 호의 정보 중 업무에 필요한
최소한의 정보만 제공하여야 한다.

② 수행기관은 제18조의10제4항에 따라 보건복지
부장관에게 통합정보전산망 사용을 요청하는
경우 보안교육 등 자활지원사업 참여자의 개인
정보에 대한 보호대책을 마련하여야 한다.

③ 수행기관은 제18조의10제2항부터 제4항까지에 따
른 자료 및 관계 전산망을 이용하고자 하는 경우
에는 사전에 정보주체의 동의를 받아야 한다.

④ 수행기관은 제18조의10제2항부터 제4항까지에
따른 자료 및 관계 전산망을 이용함에 있어 다
음 각 호의 개인정보를 제외한 정보는 참여자
의 수급이력 및 근로활동현황 등 자활지원사업
의 수행·관리 및 효과분석 목적을 달성한 경
우 지체 없이 파기하여야 한다.

　1. 자활지원사업 신청자 및 참여자의 특성

2. 자활지원사업 참여자의 사업 참여 이력

3. 자활지원사업 참여자의 사업종료 이후 취업
  이력

⑤ 제18조의10제2항 각 호의 개인정보는 수행기관
  에서 자활지원사업을 담당하는 자 중 해당 기
  관의 장으로부터 개인정보 취급승인을 받은 자
  만 취급할 수 있다.

⑥ 자활지원사업 업무에 종사하거나 종사하였던
  자는 자활지원사업 업무 수행과 관련하여 알게
  된 개인·법인 또는 단체의 정보를 누설하거나
  다른 용도로 사용해서는 아니 된다.

⑦ 제1항부터 제5항까지에서 정한 개인정보 보호
  대책, 정보주체에 대한 사전 동의 방법, 목적
  을 달성한 정보의 파기 시기 및 방법, 개인정
  보 취급승인의 절차, 보안교육 등에 관한 세부
  적인 사항은 보건복지부장관이 정한다.

제3장 보장기관

제19조(보장기관)

① 이 법에 따른 급여는 수급권자 또는 수급자의
  거주지를 관할하는 시·도지사와 시장·군수·
  구청장[제7조제1항제4호의 교육급여인 경우에
  는 특별시·광역시·특별자치시·도·특별자치
  도의 교육감(이하 "시·도교육감"이라 한다)을
  말한다. 이하 같다]이 실시한다. 다만, 주거가
  일정하지 아니한 경우에는 수급권자 또는 수급
  자가 실제 거주하는 지역을 관할하는 시장·군
  수·구청장이 실시한다.

② 제1항에도 불구하고 보건복지부장관, 소관 중
  앙행정기관의 장과 시·도지사는 수급자를 각
  각 국가나 해당 지방자치단체가 경영하는 보장
  시설에 입소하게 하거나 다른 보장시설에 위탁
  하여 급여를 실시할 수 있다.

③ 수급권자나 수급자가 거주지를 변경하는 경우
  의 처리방법과 보장기관 간의 협조, 그 밖에
  업무처리에 필요한 사항은 보건복지부령으로
  정한다.

④ 보장기관은 수급권자·수급자·차상위계층에 대
  한 조사와 수급자 결정 및 급여의 실시 등 이
  법에 따른 보장업무를 수행하게 하기 위하여 「
  사회복지사업법」 제14조에 따른 사회복지 전담
  공무원(이하 "사회복지 전담공무원"이라 한다)을
  배치하여야 한다. 이 경우 제15조에 따른 자활
  급여 업무를 수행하는 사회복지 전담공무원은
  따로 배치하여야 한다.

제20조(생활보장위원회)

① 이 법에 따른 생활보장사업의 기획·조사·실시
  등에 관한 사항을 심의·의결하기 위하여 보건
  복지부와 시·도 및 시·군·구(자치구를 말한
  다. 이하 같다)에 각각 생활보장위원회를 둔다.
  다만, 시·도 및 시·군·구에 두는 생활보장위
  원회는 그 기능을 담당하기에 적합한 다른 위
  원회가 있고 그 위원회의 위원이 제4항에 규정된
  자격을 갖춘 경우에는 시·도 또는 시·군·구
  의 조례로 정하는 바에 따라 그 위원회가 생활
  보장위원회의 기능을 대신할 수 있다.

② 보건복지부에 두는 생활보장위원회(이하 "중앙
  생활보장위원회"라 한다)는 다음 각 호의 사항
  을 심의·의결한다.

1. 제20조의2제3항에 따른 기초생활보장 종합
  계획의 수립

2. 소득인정액 산정방식과 기준 중위소득의 결정

3. 급여의 종류별 수급자 선정기준과 최저보장
  수준의 결정

4. 제20조의2제2항 및 제4항에 따른 급여기준
  의 적정성 등 평가 및 실태조사에 관한 사항

5. 급여의 종류별 누락·중복, 차상위계층의
  지원사업 등에 대한 조정

6. 제18조의7에 따른 자활기금의 적립·관리
  및 사용에 관한 지침의 수립

7. 그 밖에 위원장이 회의에 부치는 사항

③ 중앙생활보장위원회는 위원장을 포함하여 16명 이내의 위원으로 구성하고 위원은 보건복지부장관이 다음 각 호의 어느 하나에 해당하는 사람 중에서 위촉·지명하며 위원장은 보건복지부장관으로 한다.

　1. 공공부조 또는 사회복지와 관련된 학문을 전공한 전문가로서 대학의 조교수 이상인 사람 또는 연구기관의 연구원으로 재직 중인 사람 5명 이내

　2. 공익을 대표하는 사람 5명 이내

　3. 관계 행정기관 소속 3급 이상 공무원 또는 고위공무원단에 속하는 일반직공무원 5명 이내

④ 제1항에 따른 시·도 및 시·군·구 생활보장위원회의 위원은 시·도지사 또는 시장·군수·구청장이 다음 각 호의 어느 하나에 해당하는 사람 중에서 위촉·지명하며 위원장은 해당 시·도지사 또는 시장·군수·구청장으로 한다. 다만, 제1항 단서에 따라 다른 위원회가 생활보장위원회의 기능을 대신하는 경우 위원장은 조례로 정한다.

　1. 사회보장에 관한 학식과 경험이 있는 사람

　2. 공익을 대표하는 사람

　3. 관계 행정기관 소속 공무원

⑤ 제1항에 따른 생활보장위원회는 심의·의결과 관련하여 필요한 경우 보장기관에 대하여 그 소속 공무원의 출석이나 자료의 제출을 요청할 수 있다. 이 경우 해당 보장기관은 정당한 사유가 없으면 요청에 따라야 한다.

⑥ 시·도 및 시·군·구 생활보장위원회의 기능과 각 생활보장위원회의 구성·운영 등에 필요한 사항은 대통령령으로 정한다.

제20조의2(기초생활보장 계획의 수립 및 평가)

① 소관 중앙행정기관의 장은 수급자의 최저생활을 보장하기 위하여 3년마다 소관별로 기초생활보장 기본계획을 수립하여 보건복지부장관에게 제출하여야 한다.

② 보건복지부장관 및 소관 중앙행정기관의 장은 제4항에 따른 실태조사 결과를 고려하여 급여기준의 적정성 등에 대한 평가를 실시할 수 있으며, 이와 관련하여 전문적인 조사·연구 등을 「공공기관의 운영에 관한 법률」에 따른 공공기관 또는 민간 법인·단체 등에 위탁할 수 있다.

③ 보건복지부장관은 제1항에 따른 기초생활보장 기본계획 및 제2항에 따른 평가결과를 종합하여 기초생활보장 종합계획을 수립하여 중앙생활보장위원회의 심의를 받아야 한다.

④ 보건복지부장관은 수급권자, 수급자 및 차상위계층 등의 규모·생활실태 파악, 최저생계비 계측 등을 위하여 3년마다 실태조사를 실시·공표하여야 한다.

⑤ 보건복지부장관 및 소관 중앙행정기관의 장은 관계 행정기관, 지방자치단체, 「공공기관의 운영에 관한 법률」에 따른 공공기관 등에 대하여 평가에 관한 의견 또는 자료의 제출을 요구할 수 있다. 이 경우 관계 행정기관 등은 특별한 사유가 없으면 이에 따라야 한다.

제4장 급여의 실시

제21조(급여의 신청)

① 수급권자와 그 친족, 그 밖의 관계인은 관할 시장·군수·구청장에게 수급권자에 대한 급여를 신청할 수 있다. 차상위자가 급여를 신청하려는 경우에도 같으며, 이 경우 신청방법과 절차 및 조사 등에 관하여는 제2항부터 제5항까지, 제22조, 제23조 및 제23조의2를 준용한다.

② 사회복지 전담공무원은 이 법에 따른 급여를 필요로 하는 사람이 누락되지 아니하도록 하기 위하여 관할지역에 거주하는 수급권자에 대한 급여를 직권으로 신청할 수 있다. 이 경우 수급권자의 동의를 구하여야 하며 수급권자의 동의는 수급권자의 신청으로 볼 수 있다.

③ 제1항에 따라 급여신청을 할 때나 제2항에 따라 사회복지 전담공무원이 급여신청을 하는 것에 수급권자가 동의하였을 때에는 수급권자와 부양의무자는 다음 각 호의 자료 또는 정보의 제공에 대하여 동의한다는 서면을 제출하여야 한다.

1. 「금융실명거래 및 비밀보장에 관한 법률」 제2조제2호 및 제3호에 따른 금융자산 및 금융거래의 내용에 대한 자료 또는 정보 중 예금의 평균잔액과 그 밖에 대통령령으로 정하는 자료 또는 정보(이하 "금융정보"라 한다)

2. 「신용정보의 이용 및 보호에 관한 법률」 제2조제1호에 따른 신용정보 중 채무액과 그 밖에 대통령령으로 정하는 자료 또는 정보 (이하 "신용정보"라 한다)

3. 「보험업법」 제4조제1항 각 호에 따른 보험에 가입하여 낸 보험료와 그 밖에 대통령령으로 정하는 자료 또는 정보(이하 "보험정보"라 한다)

④ 제1항에 따라 수급권자 등이 급여를 신청할 경우 사회복지 전담공무원은 신청한 사람이 급여에 관한 정보의 부족 등으로 불리한 입장에 놓이지 아니하도록 수급권자의 선정기준, 급여의 내용 및 신청방법 등을 알기 쉽게 설명하여야 한다.

⑤ 시상·군수·구청상은 신청자에게 납여 신정의 철회나 포기를 유도하는 행위를 하여서는 아니 된다.

⑥ 제1항 및 제2항에 따른 급여의 신청 방법 및 절차 등에 관하여 필요한 사항은 보건복지부령으로 정한다.

⑦ 제3항에 따른 동의의 방법·절차 등에 관하여 필요한 사항은 대통령령으로 정한다.

제22조(신청에 의한 조사)

① 시장·군수·구청장은 제21조에 따른 급여신청이 있는 경우에는 사회복지 전담공무원으로 하여금 급여의 결정 및 실시 등에 필요한 다음 각 호의 사항을 조사하게 하거나 수급권자에게 보장기관이 지정하는 의료기관에서 검진을 받게 할 수 있다.

1. 부양의무자의 유무 및 부양능력 등 부양의무자와 관련된 사항

2. 수급권자 및 부양의무자의 소득·재산에 관한 사항

3. 수급권자의 근로능력, 취업상태, 자활욕구 등 제28조에 따른 자활지원계획 수립에 필요한 사항

4. 그 밖에 수급권자의 건강상태, 가구 특성 등 생활실태에 관한 사항

② 시장·군수·구청장은 제1항에 따라 신청한 수급권자 또는 그 부양의무자의 소득, 재산 및 건강상태 등을 확인하기 위하여 필요한 자료를 확보하기 곤란한 경우 보건복지부령으로 정하는 바에 따라 수급권자 또는 부양의무자에게 필요한 자료의 제출을 요구할 수 있다.

③ 시장·군수·구청장은 급여의 결정 또는 실시 등을 위하여 필요한 경우에는 제1항 각 호의 조사를 관계 기관에 위촉하거나 수급권자 또는 그 부양의무자의 고용주, 그 밖의 관계인에게 이에 관한 자료의 제출을 요청할 수 있다.

④ 보장기관이 제1항 각 호의 조사를 하기 위하여 금융·국세·지방세·토지·건물·자동차·건강보험·국민연금·고용보험·출입국·병무·교정 등 관련 전산망 또는 자료를 이용하려는 경우에는 관계 기관의 장에게 협조를 요청할 수 있다. 이 경우 관계 기관의 장은 정당한 사유가 없으면 협조하여야 한다.

⑤ 제1항에 따라 조사를 하는 사회복지 전담공무원은 그 권한을 표시하는 증표 및 조사기간, 조사범위, 조사담당자, 관계 법령 등 보건복지부령으로 정하는 사항이 기재된 서류를 지니고 이를 관계인에게 보여주어야 한다.

⑥ 보장기관의 공무원 또는 공무원이었던 사람은 제1항부터 제4항까지의 규정에 따라 얻은 정보와 자료를 이 법에서 정한 보장목적 외에 다른 용도로 사용하거나 다른 사람 또는 기관에 제공하여서는 아니 된다.

⑦ 보장기관은 제1항부터 제4항까지의 규정에 따른 조사 결과를 대장으로 작성하여 갖추어 두어야 하며 그 밖에 조사에 필요한 사항은 보건복지부장관이 정한다. 다만, 전산정보처리조직에 의하여 관리되는 경우에는 전산 파일로 대체할 수 있다.

⑧ 보장기관은 수급권자 또는 부양의무자가 제1항 및 제2항에 따른 조사 또는 자료제출 요구를 2회 이상 거부·방해 또는 기피하거나 검진 지시에 따르지 아니하면 급여신청을 각하(却下)할 수 있다. 이 경우 제29조제2항을 준용한다.

⑨ 제1항에 따른 조사의 내용·절차·방법 등에 관하여 이 법에서 정하는 사항을 제외하고는 「행정조사기본법」에서 정하는 바를 따른다.

제23조(확인조사)

① 시장·군수·구청장은 수급자 및 수급자에 대한 급여의 적정성을 확인하기 위하여 매년 연간조사계획을 수립하고 관할구역의 수급자를 대상으로 제22조제1항 각 호의 사항을 매년 1회 이상 정기적으로 조사하여야 하며, 특히 필요하다고 인정하는 경우에는 보장기관이 지정하는 의료기관에서 검진을 받게 할 수 있다. 다만, 보건복지부장관이 정하는 사항은 분기마다 조사하여야 한다.

② 수급자의 자료제출, 조사의 위촉, 관련 전산망의 이용, 그 밖에 확인조사를 위하여 필요한 사항에 관하여는 제22조제2항부터 제7항까지의 규정을 준용한다.

③ 보장기관은 수급자 또는 부양의무자가 제1항에 따른 조사나 제2항에 따라 준용되는 제22조제2항에 따른 자료제출 요구를 2회 이상 거부·방해 또는 기피하거나 검진 지시에 따르지 아니하면 수급자에 대한 급여 결정을 취소하거나 급여를 정지 또는 중지할 수 있다. 이 경우 제29조제2항을 준용한다.

제23조의2(금융정보등의 제공)

① 보건복지부장관은 「금융실명거래 및 비밀보장에 관한 법률」 제4조제1항과 「신용정보의 이용 및 보호에 관한 법률」 제32조제1항에도 불구하고 수급권자와 그 부양의무자가 제21조제3항에 따라 제출한 동의 서면을 전자적 형태로 바꾼 문서에 의하여 금융기관등(「금융실명거래 및 비밀보장에 관한 법률」 제2조제1호에 따른 금융회사등, 「신용정보의 이용 및 보호에 관한 법률」 제25조에 따른 신용정보집중기관을 말한다. 이하 같다)의 장에게 금융정보·신용정보 또는 보험정보(이하 "금융정보등" 이라 한다)의 제공을 요청할 수 있다.

② 보건복지부장관은 제23조에 따른 확인조사를 위하여 필요하다고 인정하는 경우 「금융실명거래 및 비밀보장에 관한 법률」 제4조제1항과 「신용정보의 이용 및 보호에 관한 법률」 제32조제1항에도 불구하고 대통령령으로 정하는 기준에 따라 인적사항을 적은 문서 또는 정보통신망으로 금융기관등의 장에게 수급자와 부양의무자의 금융정보등을 제공하도록 요청할 수 있다.

③ 제1항 및 제2항에 따라 금융정보등의 제공을 요청받은 금융기관등의 장은 「금융실명거래 및 비밀보장에 관한 법률」 제4조와 「신용정보의 이용 및 보호에 관한 법률」 제32조에도 불구하고 명의인의 금융정보등을 제공하여야 한다.

④ 제3항에 따라 금융정보등을 제공한 금융기관등의 장은 금융정보등의 제공 사실을 명의인에게 통보하여야 한다. 다만, 명의인이 동의한 경우에는 「금융실명거래 및 비밀보장에 관한 법률」 제4조의2제1항과 「신용정보의 이용 및 보호에 관한 법률」 제35조에도 불구하고 통보하지 아니할 수 있다.

⑤ 제1항부터 제3항까지의 규정에 따른 금융정보등의 제공요청 및 제공은 「정보통신망 이용촉진 및 정보보호 등에 관한 법률」 제2조제1항제1호에 따른 정보통신망을 이용하여야 한다. 다만, 정보통신망의 손상 등 불가피한 사유가 있는 경우에는 그러하지 아니하다.

⑥ 제1항부터 제3항까지의 규정에 따른 업무에 종사하고 있거나 종사하였던 사람은 업무를 수행하면서 취득한 금융정보등을 이 법에서 정한 목적 외의 다른 용도로 사용하거나 다른 사람 또는 기관에 제공하거나 누설하여서는 아니 된다.

⑦ 제1항부터 제3항까지와 제5항에 따른 금융정보등의 제공요청 및 제공 등에 필요한 사항은 대통령령으로 정한다.

제24조(차상위계층에 대한 조사)

① 시장·군수·구청장은 급여의 종류별 수급자 선정기준의 변경 등에 의하여 수급권자의 범위가 변동함에 따라 다음 연도에 이 법에 따른 급여가 필요할 것으로 예측되는 수급권자의 규모를 조사하기 위하여 보건복지부령으로 정하는 바에 따라 차상위계층에 대하여 조사할 수 있다.

② 시장·군수·구청장은 제1항에 따른 조사를 하려는 경우 조사대상자의 동의를 받아야 한다. 이 경우 조사대상자의 동의는 다음 연도의 급여신청으로 본다.

③ 조사대상자의 자료제출, 조사의 위촉, 관련 전산망의 이용, 그 밖에 차상위계층에 대한 조사를 위하여 필요한 사항에 관하여는 제22조제2항부터 제7항까지의 규정을 준용한다.

제25조(조사 결과의 보고 등) 제22조, 제23조, 제23조의2 및 제24조에 따라 시장·군수·구청장이 수급권자, 수급자, 부양의무자 및 차상위계층을 조사하였을 때에는 보건복지부령으로 정하는 바에 따라 관할 시·도지사에게 보고하여야 하며 보고를 받은 시·도지사는 이를 보건복지부장관 및 소관 중앙행정기관의 장에게 보고하여야 한다. 시·도지사가 조사하였을 때에도 또한 같다.

제26조(급여의 결정 등)

① 시장·군수·구청장은 제22조에 따라 조사를 하였을 때에는 지체 없이 급여 실시 여부와 급여의 내용을 결정하여야 한다.

② 제24조에 따라 차상위계층을 조사한 시장·군수·구청장은 제27조제1항 단서에 규정된 급여 개시일이 속하는 달에 급여 실시 여부와 급여 내용을 결정하여야 한다.

③ 시장·군수·구청장은 제1항 및 제2항에 따라 급여 실시 여부와 급여 내용을 결정하였을 때에는 그 결정의 요지(급여의 산출 근거를 포함한다), 급여의 종류·방법 및 급여의 개시 시기 등을 서면으로 수급권자 또는 신청인에게 통지하여야 한다.

④ 신청인에 대한 제3항의 통지는 제21조에 따른 급여의 신청일부터 30일 이내에 하여야 한다. 다만, 다음 각 호의 어느 하나에 해당하는 경우에는 신청일부터 60일 이내에 통지할 수 있다. 이 경우 통지서에 그 사유를 구체적으로 밝혀야 한다.

  1. 부양의무자의 소득·재산 등의 조사에 시일이 걸리는 특별한 사유가 있는 경우
  2. 수급권자 또는 부양의무자가 제22조제1항·제2항 및 관계 법률에 따른 조사나 자료제출 요구를 거부·방해 또는 기피하는 경우

제27조(급여의 실시 등)

① 제26조제1항에 따라 급여 실시 및 급여 내용이 결정된 수급자에 대한 급여는 제21조에 따른 급여의 신청일부터 시작한다. 다만, 제6조에 따라 보건복지부장관 또는 소관중앙행정기관의 장이 매년 결정·공표하는 급여의 종류별 수급자 선정기준의 변경으로 인하여 매년 1월에 새로 수급자로 결정되는 사람에 대한 급여는 해당 연도의 1월 1일을 그 급여개시일로 한다.

② 시장·군수·구청장은 제26조제1항에 따른 급여 실시 여부의 결정을 하기 전이라도 수급권자에게 급여를 실시하여야 할 긴급한 필요가 있다고 인정할 때에는 제7조제1항 각 호에 규정된 급여의 일부를 실시할 수 있다.

제27조의2(급여의 지급방법 등)

① 보장기관이 급여를 금전으로 지급할 때에는 수급자의 신청에 따라 수급자 명의의 지정된 계좌(이하 "급여수급계좌"라 한다)로 입금하여야 한다. 다만, 정보통신장애나 그 밖에 대통령령으로 정하는 불가피한 사유로 급여수급계좌로 이체할 수 없을 때에는 대통령령으로 정하는 바에 따라 급여를 지급할 수 있다.

② 급여수급계좌의 해당 금융기관은 이 법에 따른 급여와 제4조제4항에 따라 지방자치단체가 실시하는 급여만이 급여수급계좌에 입금되도록 관리하여야 한다.

③ 제1항에 따른 계좌 입금이나 현금 지급 등의 방법·절차와 제2항에 따른 급여수급계좌의 관리에 필요한 사항은 대통령령으로 정한다.

제27조의3(급여의 대리수령 등)

① 보장기관은 수급자가 다음 각 호의 어느 하나에 해당하는 경우에는 제27조의2제1항 본문에도 불구하고 수급자 또는 후견인의 동의를 받아 급여를 수급자의 배우자, 직계혈족 또는 3촌 이내의 방계혈족(이하 "배우자등"이라 한다) 명의의 계좌에 입금할 수 있다.

  1. 피성년후견인인 경우

2. 채무불이행으로 금전채권이 압류된 경우

  3. 그 밖에 대통령령으로 정하는 사유로 본인 명의의 계좌를 개설하기 어려운 경우

② 제1항에 따라 배우자등 명의의 계좌로 급여를 지급하려는 보장기관은 미리 그 사유, 입금할 급여의 사용 목적 및 다른 용도 사용금지 등에 관한 사항을 배우자등에게 안내하여야 한다.

③ 제1항에 따라 급여를 지급받은 배우자등은 해당 급여를 목적 외의 용도로 사용하여서는 아니 된다.

④ 제1항에 따른 배우자등에 대한 급여 지급 절차 및 방법 등에 필요한 사항은 대통령령으로 정한다.

제28조(자활지원계획의 수립)

① 시장·군수·구청장은 수급자의 자활을 체계적으로 지원하기 위하여 보건복지부장관이 정하는 바에 따라 제22조, 제23조, 제23조의2 및 제24조에 따른 조사 결과를 고려하여 수급자 가구별로 자활지원계획을 수립하고 그에 따라 이 법에 따른 급여를 실시하여야 한다.

② 보장기관은 수급자의 자활을 위하여 필요한 경우에는 「사회복지사업법」 등 다른 법률에 따라 보장기관이 제공할 수 있는 급여가 있거나 민간기관 등이 후원을 제공하는 경우 제1항의 자활지원계획에 따라 급여를 지급하거나 후원을 연계할 수 있다.

③ 시장·군수·구청장은 수급자의 자활여건 변화와 급여 실시 결과를 정기적으로 평가하고 필요한 경우 자활지원계획을 변경할 수 있다.

제29조(급여의 변경)

① 보장기관은 수급자의 소득·재산·근로능력 등이 변동된 경우에는 직권으로 또는 수급자나 그 친족, 그 밖의 관계인의 신청에 의하여 그에 대한 급여의 종류·방법 등을 변경할 수 있다.

② 제1항에 따른 급여의 변경은 산출 근거 등 이유를 구체적으로 밝혀 서면으로 수급자에게 통지하여야 한다.

제30조(급여의 중지 등)

① 보장기관은 수급자가 다음 각 호의 어느 하나에 해당하는 경우에는 급여의 전부 또는 일부를 중지하여야 한다.

　　1. 수급자에 대한 급여의 전부 또는 일부가 필요 없게 된 경우

　　2. 수급자가 급여의 전부 또는 일부를 거부한 경우

② 근로능력이 있는 수급자가 제9조제5항의 조건을 이행하지 아니하는 경우 조건을 이행할 때까지 제7조제2항에도 불구하고 근로능력이 있는 수급자 본인의 생계급여의 전부 또는 일부를 지급하지 아니할 수 있다.

③ 제1항 및 제2항에 따른 급여의 중지 등에 관하여는 제29조제2항을 준용한다.

제31조(청문) 보장기관은 제16조제3항에 따라 지역자활센터의 지정을 취소하려는 경우와 제23조제3항에 따라 급여의 결정을 취소하려는 경우에는 청문을 하여야 한다.

제5장 보장시설

제32조(보장시설) 이 법에서 "보장시설"이란 제7조에 규정된 급여를 실시하는 「사회복지사업법」에 따른 사회복지시설로서 다음 각 호의 시설 중 보건복지부령으로 정하는 시설을 말한다.

　　1. 「장애인복지법」 제58조제1항제1호의 장애인 거주시설

　　2. 「노인복지법」 제32조제1항의 노인주거복지시설 및 같은 법 제34조제1항의 노인의료복지시설

　　3. 「아동복지법」 제52조제1항 및 제2항에 따른 아동복지시설 및 통합 시설

　　4. 「정신건강증진 및 정신질환자 복지서비스 지원에 관한 법률」 제22조에 따른 정신요양시설 및 같은 법 제26조에 따른 정신재활시설

　　5. 「노숙인 등의 복지 및 자립지원에 관한 법률」 제16조제1항제3호 및 제4호의 노숙인재활시설 및 노숙인요양시설

　　6. 「가정폭력방지 및 피해자보호 등에 관한 법률」 제7조에 따른 가정폭력피해자 보호시설

　　7. 「성매매방지 및 피해자보호 등에 관한 법률」 제9조제1항에 따른 성매매피해자등을 위한 지원시설

　　8. 「성폭력방지 및 피해자보호 등에 관한 법률」 제12조에 따른 성폭력피해자보호시설

　　9. 「한부모가족지원법」 제19조제1항의 한부모가족복지시설

　　10. 「사회복지사업법」 제2조제4호의 사회복지시설 중 결핵 및 한센병요양시설

　　11. 그 밖에 보건복지부령으로 정하는 시설

제33조(보장시설의 장의 의무)

① 보장시설의 장은 보장기관으로부터 수급자에 대한 급여를 위탁받은 경우에는 정당한 사유 없이 이를 거부하여서는 아니 된다.

② 보장시설의 장은 위탁받은 수급자에게 보건복지부장관 및 소관 중앙행정기관의 장이 정하는 최저기준 이상의 급여를 실시하여야 한다.

③ 보장시설의 장은 위탁받은 수급자에게 급여를 실시할 때 성별·신앙 또는 사회적 신분 등을 이유로 차별대우를 하여서는 아니 된다.

④ 보장시설의 장은 위탁받은 수급자에게 급여를 실시할 때 수급자의 자유로운 생활을 보장하여야 한다.

⑤ 보장시설의 장은 위탁받은 수급자에게 종교상의 행위를 강제하여서는 아니 된다.

제6장 수급자의 권리와 의무

제34조(급여 변경의 금지) 수급자에 대한 급여는 정당한 사유 없이 수급자에게 불리하게 변경할 수 없다.

제35조(압류금지)

① 수급자에게 지급된 수급품(제4조제4항에 따라 지방자치단체가 실시하는 급여를 포함한다)과 이를 받을 권리는 압류할 수 없다.

② 제27조의2제1항에 따라 지정된 급여수급계좌의 예금에 관한 채권은 압류할 수 없다.

제36조(양도금지) 수급자는 급여를 받을 권리를 타인에게 양도할 수 없다.

제37조(신고의 의무) 수급자는 거주지역, 세대의 구성 또는 임대차 계약내용이 변동되거나 제22조제1항 각 호의 사항이 현저하게 변동되었을 때에는 지체 없이 관할 보장기관에 신고하여야 한다.

제7장 이의신청

제38조(시·도지사에 대한 이의신청)

① 수급자나 급여 또는 급여 변경을 신청한 사람은 시장·군수·구청장(제7조제1항제4호의 교육급여인 경우에는 시·도교육감을 말한다)의 처분에 대하여 이의가 있는 경우에는 그 결정의 통지를 받은 날부터 90일 이내에 해당 보장기관을 거쳐 시·도지사(특별자치시장·특별자치도지사 및 시·도교육감의 처분에 이의가 있는 경우에는 해당 특별자치시장·특별자치도지사 및 시·도교육감을 말한다)에게 서면 또는 구두로 이의를 신청할 수 있다. 이 경우 구두로 이의신청을 접수한 보장기관의 공무원은 이의신청서를 작성할 수 있도록 협조하여야 한다.

② 제1항에 따른 이의신청을 받은 시장·군수·구청장은 10일 이내에 의견서와 관계 서류를 첨부하여 시·도지사에게 보내야 한다.

제39조(시·도지사의 처분 등)

① 시·도지사가 제38조제2항에 따라 시장·군수·구청장으로부터 이의신청서를 받았을 때(특별자치시장·특별자치도지사 및 시·도교육감의 경우에는 직접 이의신청을 받았을 때를 말한다)에는 30일 이내에 필요한 심사를 하고 이의신청을 각하 또는 기각하거나 해당 처분을 변경 또는 취소하거나 그 밖에 필요한 급여를 명하여야 한다.

② 시·도지사는 제1항에 따른 처분 등을 하였을 때에는 지체 없이 신청인과 해당 시장·군수·구청장에게 각각 서면으로 통지하여야 한다.

제40조(보건복지부장관 등에 대한 이의신청)

① 제39조에 따른 처분 등에 대하여 이의가 있는 사람은 그 처분 등의 통지를 받은 날부터 90일 이내에 시·도지사를 거쳐 보건복지부장관(제7조제1항제2호 또는 제4호의 주거급여 또는 교육급여인 경우에는 소관 중앙행정기관의 장을 말하며, 보건복지부장관에게 한 이의신청은 소관 중앙행정기관의 장에게 한 것으로 본다)에게 서면 또는 구두로 이의를 신청할 수 있다. 이 경우 구두로 이의신청을 접수한 보장기관의 공무원은 이의신청서를 작성할 수 있도록 협조하여야 한다.

② 시·도지사는 제1항에 따른 이의신청을 받으면 10일 이내에 의견서와 관계 서류를 첨부하여 보건복지부장관 또는 소관 중앙행정기관의 장(제7조제1항제2호 또는 제4호의 주거급여 또는 교육급여인 경우에 한정한다)에게 보내야 한다.

③ 제1항 및 제2항에 규정된 사항 외에 이의신청의 방법 등은 대통령령으로 정한다.

제41조(이의신청의 결정 및 통지)

① 보건복지부장관 또는 소관 중앙행정기관의 장은 제40조제2항에 따라 이의신청서를 받았을 때에는 30일 이내에 필요한 심사를 하고 이의신청을 각하 또는 기각하거나 해당 처분의 변경 또는 취소의 결정을 하여야 한다.

② 보건복지부장관 또는 소관 중앙행정기관의 장은 제1항에 따른 결정을 하였을 때에는 지체 없이 시·도지사 및 신청인에게 각각 서면으로 결정 내용을 통지하여야 한다. 이 경우 소관 중앙행정기관의 장이 결정 내용을 통지하는 때에는 그 사실을 보건복지부장관에게 알려야 한다.

제8장 보장비용

제42조(보장비용) 이 법에서 "보장비용"이란 다음 각 호의 비용을 말한다.

1. 이 법에 따른 보장업무에 드는 인건비와 사무비
2. 제20조에 따른 생활보장위원회의 운영에 드는 비용
3. 제8조, 제11조, 제12조, 제12조의3, 제13조, 제14조, 제15조, 제15조의2, 제15조의3, 제15조의10 및 제16조부터 제18조까지의 규정에 따른 급여 실시 비용
4. 그 밖에 이 법에 따른 보장업무에 드는 비용

제43조(보장비용의 부담 구분)

① 보장비용의 부담은 다음 각 호의 구분에 따른다.

1. 국가 또는 시·도가 직접 수행하는 보장업무에 드는 비용은 국가 또는 해당 시·도가 부담한다.
2. 제19조제2항에 따른 급여의 실시 비용은 국가 또는 해당 시·도가 부담한다.
3. 시·군·구가 수행하는 보장업무에 드는 비용 중 제42조제1호 및 제2호의 비용은 해당 시·군·구가 부담한다.
4. 시·군·구가 수행하는 보장업무에 드는 비용 중 제42조제3호 및 제4호의 비용(이하 이 호에서 "시·군·구 보장비용"이라 한다)은 시·군·구의 재정여건, 사회보장비 지출 등을 고려하여 국가, 시·도 및 시·군·구 다음 각 목에 따라 차등하여 분담한다.

가. 국가는 시·군·구 보장비용의 총액 중 100분의 40 이상 100분의 90 이하를 부담한다.
나. 시·도는 시·군·구 보장비용의 총액에서 가목의 국가부담분을 뺀 금액 중 100분의 30 이상 100분의 70 이하를 부담하고, 시·군·구는 시·군·구 보장비용의 총액 중에서 국가와 시·도가 부담하는 금액을 뺀 금액을 부담한다. 다만, 특별자치시·특별자치도는 시·군·구 보장비용의 총액 중에서 국가가 부담하는 금액을 뺀 금액을 부담한다.

② 국가는 매년 이 법에 따른 보장비용 중 국가부담 예정 합계액을 각각 보조금으로 지급하고, 그 과부족(過不足) 금액은 정산하여 추가로 지급하거나 반납하게 한다.

③ 시·도는 매년 시·군·구에 대하여 제2항에 따른 국가의 보조금에, 제1항제4호에 따른 시·도의 부담예정액을 합하여 보조금으로 지급하고 그 과부족 금액은 정산하여 추가로 지급하거나 반납하게 한다.

④ 제2항 및 제3항에 따른 보조금의 산출 및 정산 방법 등에 관하여 필요한 사항은 대통령령으로 정한다.

⑤ 지방자치단체의 조례에 따라 이 법에 따른 급여 범위 및 수준을 초과하여 급여를 실시하는 경우 그 초과 보장비용은 해당 지방자치단체가 부담한다.

제43조의2(교육급여 보장비용 부담의 특례) 제43조제1항에도 불구하고 제12조 및 제12조의2에 따라 시·도교육감이 수행하는 보장업무에 드는 비용은 다음 각 호에 따라 차등하여 분담한다.

1. 소득인정액이 기준 중위소득의 100분의 40 이상인 수급자에 대한 입학금 및 수업료의 지원은 「초·중등교육법」 제60조의4에 따른다.

2. 소득인정액이 기준 중위소득의 100분의 40 이상인 수급자에 대한 학용품비와 그 밖의 수급품은 국가, 시·도, 시·군·구가 부담하며, 구체적인 부담비율에 관한 사항은 제43조제1항제4호 각 목에 따른다.

3. 소득인정액이 기준 중위소득의 100분의 40 미만인 수급자에 대한 보장비용은 국가, 시·도, 시·군·구가 제43조제1항제4호 각 목에 따라 부담하되, 제12조의2에 따라 추가적으로 적용되는 기준에 따른 수급자에 대한 입학금 및 수업료의 지원은 「초·중등교육법」 제60조의4에 따른다.

제44조삭제

제45조(유류금품의 처분) 제14조에 따른 장제급여를 실시하는 경우에 사망자에게 부양의무자가 없을 때에는 시장·군수·구청장은 사망자가 유류(遺留)한 금전 또는 유가증권으로 그 비용에 충당하고, 그 부족액은 유류물품의 매각대금으로 충당할 수 있다.

제46조(비용의 징수)

① 수급자에게 부양능력을 가진 부양의무자가 있음이 확인된 경우에는 보장비용을 지급한 보장기관은 제20조에 따른 생활보장위원회의 심의·의결을 거쳐 그 비용의 전부 또는 일부를 그 부양의무자로부터 부양의무의 범위에서 징수할 수 있다.

② 속임수나 그 밖의 부정한 방법으로 급여를 받거나 타인으로 하여금 급여를 받게 한 경우에는 보장비용을 지급한 보장기관은 그 비용의 전부 또는 일부를 그 급여를 받은 사람 또는 급여를 받게 한 자(이하 "부정수급자"라 한다)로부터 징수할 수 있다.

③ 제1항 또는 제2항에 따라 징수할 금액은 각각 부양의무자 또는 부정수급자에게 통지하여 징수하고, 부양의무자 또는 부정수급자가 이에 응하지 아니하는 경우 국세 또는 지방세 체납처분의 예에 따라 징수한다.

제47조(반환명령)

① 보장기관은 급여의 변경 또는 급여의 정지·중지에 따라 수급자에게 이미 지급한 수급품 중 과잉지급분이 발생한 경우에는 즉시 수급자에 대하여 그 전부 또는 일부의 반환을 명하여야 한다. 다만, 이미 이를 소비하였거나 그 밖에 수급자에게 부득이한 사유가 있을 때에는 그 반환을 면제할 수 있다.

② 제27조제2항에 따라 시장·군수·구청장이 긴급급여를 실시하였으나 조사 결과에 따라 급여를 실시하지 아니하기로 결정한 경우 급여비용의 반환을 명할 수 있다.

제9장 벌칙

제48조(벌칙)

① 제23조의2제6항을 위반하여 금융정보등을 사용·제공 또는 누설한 자는 5년 이하의 징역 또는 5천만원 이하의 벌금에 처한다.

② 제22조제6항(제23조제2항에서 준용하는 경우를 포함한다)을 위반하여 정보 또는 자료를 사용하거나 제공한 자는 3년 이하의 징역 또는 3천만원 이하의 벌금에 처한다.
   1. 삭제
   2. 삭제

제49조(벌칙) 다음 각 호의 어느 하나에 해당하는 자는 1년 이하의 징역, 1천만원 이하의 벌금, 구류 또는 과료에 처한다.
   1. 거짓이나 그 밖의 부정한 방법으로 급여를 받거나 다른 사람으로 하여금 급여를 받게 한 자
   2. 제27조의3제3항을 위반하여 지급받은 급여를 목적 외의 용도로 사용한 자

제49조의2(벌칙) 제15조의8을 위반하여 직무상 알게 된 비밀을 누설하거나 다른 용도로 사용한 자는 1년 이하의 징역 또는 1천만원 이하의 벌금에 처한다.

제50조(벌칙) 제33조제1항 또는 제5항을 위반하여 수급자의 급여 위탁을 정당한 사유 없이 거부한 자나 종교상의 행위를 강제한 자는 300만원 이하의 벌금, 구류 또는 과료에 처한다.

제50조의2(과태료)

① 다음 각 호의 어느 하나에 해당하는 자에게는 300만원 이하의 과태료를 부과한다.

1. 제18조의3제1항에 따른 사업보고서를 제출하지 아니하거나 거짓 또는 그 밖의 부정한 방법으로 작성하여 제출한 자
2. 제18조의3제2항에 따른 보고 또는 관계 서류의 제출을 하지 아니하거나 거짓으로 보고 또는 관계 서류의 제출을 한 자
3. 제18조의3제3항에 따른 시정명령을 이행하지 아니한 자
4. 제18조의5를 위반하여 자활기업 또는 이와 유사한 명칭을 사용한 자

② 제1항에 따른 과태료는 대통령령으로 정하는 바에 따라 보장기관이 부과·징수한다.

제51조(양벌규정) 법인의 대표자나 법인 또는 개인의 대리인, 사용인, 그 밖의 종업원이 그 법인 또는 개인의 업무에 관하여 제48조 또는 제49조의 위반행위를 하면 그 행위자를 벌하는 외에 그 법인 또는 개인에게도 각 해당 조문의 벌금 또는 과료의 형을 과(科)한다. 다만, 법인 또는 개인이 그 위반행위를 방지하기 위하여 해당 업무에 관하여 상당한 주의와 감독을 게을리하지 아니한 경우에는 그러하지 아니하다.

부칙〈제18325호, 2021. 7. 27.〉

제1조(시행일) 이 법은 공포 후 6개월이 경과한 날부터 시행한다.

제2조(자활기업에 관한 경과조치) 이 법 시행 당시 종전의 규정에 따라 설립·운영 중인 자활기업은 제18조제2항의 개정규정에 따른 인정을 받은 것으로 본다. 다만, 이 법 시행 후 1년 이내에 이 법에 따른 요건을 갖추어 제18조제2항의 개정규정에 따라 자활기업으로 인정을 받아야 한다.

국민기초생활 보장법 시행령

[시행 2022. 1. 28.] [대통령령 제32374호, 2022. 1. 28., 일부개정]

제1조(목적) 이 영은 「국민기초생활 보장법」에서 위임된 사항과 그 시행에 필요한 사항을 규정함을 목적으로 한다.

제2조(개별가구)

① 「국민기초생활 보장법」(이하 "법"이라 한다) 제2조제8호에 따른 개별가구는 다음 각 호의 사람으로 구성된 가구로 한다.
1. 「주민등록법」 제6조제1항제1호에 따른 거주자 중 같은 법 시행령 제6조제1항에 따른 세대별 주민등록표에 등재(登載)된 사람(동거인은 제외한다)
2. 제1호 외의 사람으로서 다음 각 목의 어느 하나에 해당하는 사람
   가. 제1호에 해당하는 사람의 배우자(사실상 혼인관계에 있는 사람을 포함한다. 이하 같다)
   나. 제1호에 해당하는 사람의 미혼 자녀 중 30세 미만인 사람
   다. 제1호에 해당하는 사람과 생계 및 주거를 같이 하는 사람(제1호에 해당하는 사람 중 생계를 책임지는 사람이 그의 부양의무자인 경우로 한정한다)

② 제1항에도 불구하고 다음 각 호의 어느 하나에 해당하는 사람은 개별가구에서 제외한다.
1. 현역 군인 등 법률상 의무를 이행하기 위하여 다른 곳에서 거주하면서 의무 이행과 관련하여 생계를 보장받고 있는 사람
2. 외국에 최근 6개월간 통산하여 90일을 초과하여 체류하고 있는 사람

3. 「형의 집행 및 수용자의 처우에 관한 법률」 및 「치료감호 등에 관한 법률」 등에 따른 교도소, 구치소, 치료감호시설 등에 수용 중인 사람
4. 법 제32조에 따른 보장시설에서 급여를 받고 있는 사람
5. 실종선고 절차가 진행 중인 사람
6. 가출 또는 행방불명으로 경찰서 등 행정관청에 신고된 후 1개월이 지났거나 가출 또는 행방불명 사실을 특별자치시장 · 특별자치도지사 · 시장 · 군수 · 구청장(자치구의 구청장을 말하며, 이하 "시장 · 군수 · 구청장"이라 한다)이 확인한 사람
7. 그 밖에 제1항제1호에 해당하는 사람과 생계 및 주거를 달리한다고 시장 · 군수 · 구청장이 확인한 사람

제3조(차상위계층) 법 제2조제10호에서 "소득인정액이 대통령령으로 정하는 기준 이하인 계층"이란 소득인정액이 기준 중위소득의 100분의 50 이하인 사람을 말한다.

제3조의2

제4조(수급권자에 해당하는 외국인의 범위) 법 제5조의2에 따라 수급권자가 될 수 있는 외국인은 「출입국관리법」 제31조에 따라 외국인 등록을 한 사람으로서 다음 각 호의 어느 하나에 해당하는 사람으로 한다.
1. 대한민국 국민과 혼인 중인 사람으로서 다음 각 목의 어느 하나에 해당하는 사람
   가. 본인 또는 대한민국 국적의 배우자가 임신 중인 사람

나. 대한민국 국적의 미성년 자녀(계부자·
　　　계모자 관계와 양친자관계를 포함한다.
　　　이하 이 조에서 같다)를 양육하고 있는
　　　사람
　　다. 배우자의 대한민국 국적인 직계존속과
　　　생계나 주거를 같이 하는 사람
　2. 대한민국 국민인 배우자와 이혼하거나 그 배
　　우자가 사망한 사람으로서 대한민국 국적의
　　미성년 자녀를 양육하고 있는 사람 또는 사
　　망한 배우자의 태아를 임신하고 있는 사람

제5조(소득의 범위)

① 법 제6조의3제1항 각 호 외의 부분에서 "실제
소득"이란 다음 각 호의 소득을 합산한 금액을 말
한다.

　1. 근로소득: 근로의 제공으로 얻는 소득. 다
　　만, 「소득세법」에 따라 비과세되는 근로소
　　득은 제외하되, 다음 각 목의 급여는 근로
　　소득에 포함한다.
　　가. 「소득세법」 제12조제3호더목에 따라 비
　　　과세되는 급여
　　나. 「소득세법 시행령」 제16조제1항제1호에
　　　따라 비과세되는 급여
　　다. 「소득세법 시행령」 제12조제1호에 따라
　　　비과세되는 급여 중 보건복지부장관이
　　　정하는 금액 이상의 급여
　2. 사업소득
　　가. 농업소득 : 경종업(耕種業), 과수·원예
　　　업, 양잠업, 종묘업, 특수작물생산업, 가
　　　축사육업, 종축업(種畜業) 또는 부화업과
　　　이에 부수하는 업무에서 얻는 소득
　　나. 임업소득 : 영림업, 임산물생산업 또는
　　　야생조수사육업과 이에 부수하는 업무
　　　에서 얻는 소득
　　다. 어업소득 : 어업(양식업을 포함한다)과
　　　이에 부수하는 업무에서 얻는 소득
　　라. 기타사업소득 : 도매업, 소매업, 제조업,
　　　그 밖의 사업에서 얻는 소득

　3. 재산소득
　　가. 임대소득 : 부동산, 동산, 권리 또는 그
　　　밖의 재산의 대여로 발생하는 소득
　　나. 이자소득 : 예금·주식·채권의 이자와
　　　배당 또는 할인에 의하여 발생하는 소
　　　득 중 보건복지부장관이 정하는 금액
　　　이상의 소득
　　다. 연금소득 : 「소득세법」 제20조의3제1항
　　　제2호 및 제3호에 따라 발생하는 연금
　　　또는 소득과 「보험업법」 제4조제1항제1
　　　호나목의 연금보험에 의하여 발생하는
　　　소득
　4. 이전소득[차상위계층에 속하는 사람(이하 "
　　차상위자"라 한다)에 대해서는 생활여건 등
　　을 고려하여 보건복지부장관이 정하여 고시
　　하는 바에 따라 다음 각 목의 이전소득의
　　범위를 달리할 수 있다]
　　가. 친족 또는 후원자 등으로부터 정기적으
　　　로 받는 금품 중 보건복지부장관이 정
　　　하는 금액 이상의 금품
　　나. 제5조의6제1항제4호다목에 따라 보건
　　　복지부장관이 정하는 금액
　　다. 「국민연금법」, 「기초연금법」, 「공무원연
　　　금법」, 「공무원 재해보상법」, 「군인연금
　　　법」, 「별정우체국법」, 「사립학교교직원
　　　연금법」, 「고용보험법」, 「산업재해보상
　　　보험법」, 「국민연금과 직역연금의 연계
　　　에 관한 법률」, 「보훈보상대상자 지원에
　　　관한 법률」, 「독립유공자예우에 관한 법
　　　률」, 「국가유공자 등 예우 및 지원에 관
　　　한 법률」, 「고엽제후유의증 등 환자지원
　　　및 단체설립에 관한 법률」, 「자동차손해
　　　배상 보장법」, 「참전유공자 예우 및 단
　　　체설립에 관한 법률」, 「구직자 취업촉진
　　　및 생활안정지원에 관한 법률」 등에 따
　　　라 정기적으로 지급되는 각종 수당·연
　　　금·급여 또는 그 밖의 금품

② 제1항에도 불구하고 다음 각 호의 금품은 소득으로 보지 아니한다.

　1. 퇴직금, 현상금, 보상금, 「조세특례제한법」 제100조의2에 따른 근로장려금 및 같은 법 제100조의27에 따른 자녀장려금 등 정기적으로 지급되는 것으로 볼 수 없는 금품

　2. 보육·교육 또는 그 밖에 이와 유사한 성질의 서비스 이용을 전제로 받는 보육료, 학자금, 그 밖에 이와 유사한 금품

　3. 법 제43조제5항에 따라 지방자치단체가 지급하는 금품으로서 보건복지부장관이 정하는 금품

③ 보장기관은 다음 각 호의 어느 하나에 해당하는 경우에는 개별가구의 생활실태 등을 조사하여 확인한 소득을 제1항 및 제2항에 따라 산정된 실제소득에 더할 수 있다. 이 경우 실제소득의 구체적인 확인 및 산정 기준은 보건복지부장관이 정한다.

　1. 수급자 또는 수급권자의 소득 관련 자료가 없거나 불명확한 경우

　2. 「최저임금법」 제5조에 따른 최저임금액 등을 고려할 때 소득 관련 자료의 신뢰성이 없다고 보장기관이 인정하는 경우

제5조의2(소득평가액의 범위 및 산정기준) 법 제6조의3제1항에 따른 소득평가액은 제5조에 따른 실제소득에서 제1호부터 제12호까지에 해당하는 금액을 뺀 금액으로 한다.

　1. 「장애인연금법」 제6조에 따른 기초급여액 및 같은 법 제7조에 따른 부가급여액

　2. 「장애인복지법」 제49조에 따른 장애수당, 같은 법 제50조에 따른 장애아동수당과 보호수당

　3. 「한부모가족지원법」 제12조제1항제4호에 따른 아동양육비

　4. 「고엽제후유의증 등 환자지원 및 단체설립에 관한 법률」 제7조의3제1항에 따른 수당 (제1호에 따른 기초급여액 및 부가급여액에 해당하는 금액에 한정한다)

　5. 「독립유공자예우에 관한 법률」 제14조, 「국가유공자 등 예우 및 지원에 관한 법률」 제14조 및 「보훈보상대상자 지원에 관한 법률」 제13조에 따른 생활조정수당

　6. 「참전유공자 예우 및 단체설립에 관한 법률」 제6조에 따른 참전명예수당 중 법 제2조제11호에 따라 보건복지부장관이 고시하는 1인 가구 기준 중위소득의 100분의 20 이하에 해당하는 금액

　7. 만성질환 등의 치료·요양·재활로 인하여 지속적으로 지출하는 의료비

　8. 장애인이 다음 각 목의 시설에서 실시하는 직업재활사업에 참가하여 받은 소득의 100분의 50에 해당하는 금액

　　가. 「장애인복지법」 제58조에 따른 장애인복지시설 중 장애인 지역사회재활시설(장애인복지관만 해당한다) 및 장애인 직업재활시설

　　나. 「정신건강증진 및 정신질환자 복지서비스 지원에 관한 법률」 제27조제1항제2호에 따른 재활훈련시설(주간재활시설만 해당한다)

　9. 수급자가 다음 각 목의 어느 하나에 해당하는 사업에 참가하여 받은 소득의 100분의 30에 해당하는 금액

　　가. 법 제18조제1항에 따른 자활기업이 실시하는 사업

　　나. 제20조제1항에 따른 자활근로의 대상사업 중 보건복지부장관이 정하는 사업

　10. 학생·장애인·노인 및 18세 이상 24세 이하인 사람이 얻은 제5조제1항제1호 및 제2호에 따른 소득의 100분의 30에 해당하는 금액

　11. 제8호부터 제10호까지의 규정에 해당하지 않는 소득으로서 제5조제1항제1호 및 제2호에 따른 소득에 100분의 30의 범위에서 보건복지부장관이 정하는 비율을 곱한 금액

12. 그 밖에 개별가구 특성에 따라 추가적인 지출이 필요하다고 인정되어 보건복지부장관이 정하는 금품의 금액

제5조의3(재산의 범위 및 재산가액의 산정기준)

① 법 제6조의3제2항 후단에 따른 소득으로 환산하는 재산의 범위는 다음 각 호의 재산으로 한다.

1. 일반재산(차상위자에 대해서는 생활여건 등을 고려하여 보건복지부장관이 정하여 고시하는 바에 따라 다음 각 목의 일반재산의 범위를 달리할 수 있다)

    가. 「지방세법」 제104조제1호부터 제3호까지의 규정에 따른 토지, 건축물 및 주택. 다만, 종중재산·마을공동재산, 그 밖에 이에 준하는 공동의 목적으로 사용하는 재산은 제외한다.

    나. 「지방세법」 제104조제4호 및 제5호에 따른 항공기 및 선박

    다. 주택·상가 등에 대한 임차보증금(전세금을 포함한다)

    라. 100만원 이상의 가축, 종묘(種苗) 등 동산(장애인 재활보조기구 등 보건복지부장관이 정하는 동산은 제외한다) 및 「지방세법」 제6조제11호에 따른 입목

    마. 「지방세법」 제6조제13호 및 제13호의2에 따른 어업권 및 양식업권

    바. 「지방세법」 제6조제14호부터 제18호까지의 규정에 따른 회원권

    사. 「소득세법」 제89조제2항에 따른 조합원입주권

    아. 건물이 완성되는 때에 그 건물과 이에 부수되는 토지를 취득할 수 있는 권리(사목에 따른 조합원입주권은 제외한다)

2. 금융재산

    가. 현금 및 「금융실명거래 및 비밀보장에 관한 법률」 제2조제2호에 따른 금융자산

    나. 「보험업법」 제2조제1호에 따른 보험상품

3. 「지방세법」 제124조에 따른 자동차. 다만, 장애인 사용 자동차 등 보건복지부장관이 정하여 고시하는 자동차는 제외한다.

4. 제1호부터 제3호까지의 규정에 해당하는 재산 중 다른 사람에게 처분한 재산. 다만, 재산을 처분한 금액이 이미 산정되었거나 다른 재산의 구입, 부채의 상환, 의료비의 지급 등 개별가구원을 위하여 소비한 사실이 입증된 경우는 제외한다.

② 제2조제2항제1호부터 제6호까지의 규정에 해당하는 사람의 제1항 각 호의 재산을 개별가구의 가구원이 사용·수익하는 경우에는 해당 재산을 개별가구의 재산에 포함한다.

③ 제1항 및 제2항에 따른 재산의 가액은 법 제22조, 제23조 또는 제24조에 따른 조사를 하는 날(이하 이 항에서 "조사일"이라 한다)을 기준으로 다음 각 호의 구분에 따라 산정한 가액으로 한다. 다만, 재산의 가액을 산정하기 어려운 경우에는 해당 재산의 종류 및 거래상황 등을 고려하여 보건복지부장관이 정하는 바에 따라 가액을 산정한다.

1. 제1항제1호가목에 따른 토지, 건축물 및 주택 : 「지방세법」 제4조제1항 및 제2항에 따른 시가표준액 등을 고려하여 보건복지부장관이 정하는 가액

2. 제1항제1호나목에 따른 항공기 및 선박 : 「지방세법」 제4조제2항에 따른 시가표준액 등을 고려하여 보건복지부장관이 정하는 가액

3. 제1항제1호다목에 따른 임차보증금 : 임대차계약서상의 보증금 및 전세금

4. 제1항제1호라목에 따른 동산 및 입목 : 다음 각 목의 구분에 따른 가액

    가. 동산 : 조사일 현재의 시가

    나. 입목 : 「지방세법 시행령」 제4조제1항제5호에 따른 시가표준액

5. 제1항제1호마목에 따른 어업권 및 양식업권 : 「지방세법 시행령」 제4조제1항제8호에 따른 시가표준액

6. 제1항제1호바목에 따른 회원권 :「지방세법 시행령」 제4조제1항제9호에 따른 시가표준액

7. 제1항제1호사목에 따른 조합원입주권 : 다음 각 목의 구분에 따른 금액
   가. 청산금을 납부한 경우 :「도시 및 주거 환경정비법」 제74조에 따른 관리처분 계획 또는「빈집 및 소규모주택 정비에 관한 특례법」 제29조에 따른 사업시행 계획에 따라 정해진 가격(이하 "기존건물평가액"이라 한다)과 납부한 청산금을 합한 금액
   나. 청산금을 지급받은 경우 : 기존건물평가 액에서 지급받은 청산금을 뺀 금액

8. 제1항제1호아목에 따른 권리 : 조사일 현재 까지 납부한 금액

9. 제1항제2호에 따른 금융재산 : 제36조제1호 및 제3호에 따른 금융재산별 가액

10. 제1항제3호에 따른 자동차 : 차종·정원· 적재정량·제조연도별 제조가격(수입하는 경 우에는 수입가격) 및 거래가격 등을 고려하 여 보건복지부장관이 정하는 가액

11. 제1항제4호에 따른 재산 : 재산의 처분일을 기준으로 이 항 제1호부터 제10호까지의 규 정에 따라 산정한 가액에서 생활비에 해당 하는 금액, 특정 용도로 지출한 금액 등 보 건복지부장관이 정하여 고시하는 기준에 해 당하는 금액을 뺀 금액

제5조의4(재산의 소득환산액)

① 법 제6조의3제2항에 따른 재산의 소득환산액 은 다음 각 호에 해당하는 금액을 합산한 금액 으로 한다.
   1. 제5조의3제1항제1호의 재산가액 및 같은 항 제3호의 자동차 중 화물자동차 등 보건복 지부장관이 정하여 고시하는 자동차의 가액 (이하 이 항에서 "일반재산등가액"이라 한 다)에서 다음 각 목의 금액(이하 이 항에서 "기본재산액등"이라 한다)을 뺀 금액에 제2 항에 따른 소득환산율(이하 이 항에서 "소

득환산율"이라 한다)을 곱한 금액. 이 경우 일반재산등가액에서 기본재산액등을 뺀 금 액이 0보다 적은 경우에는 일반재산등가액 을 0으로 하고, 0보다 적은 차액은 제5조 의3제1항제2호의 재산가액에서 뺀다.
   가. 기초생활의 유지에 필요하다고 보건복 지부장관이 정하여 고시하는 기본재산액
   나. 임대보증금(전세금을 포함한다) 및「금 융실명거래 및 비밀보장에 관한 법률」 제2조제1호에 따른 금융회사등(이하 "금 융회사등"이라 한다)으로부터 받은 대출 금과 그 밖에 보건복지부장관이 정하여 고시하는 부채

   2. 제5조의3제1항제2호의 재산가액에서 제21 조의2제3항 각 호의 용도로 저축한 금액으 로서 금융회사등과의 계약에 따라 해당 용 도로만 사용될 수 있도록 개설된 계좌에 입 금된 금액(계약기간 만료 전에 해당 저축을 해지하는 경우는 제외한다)을 뺀 금액에 소 득환산율을 곱한 금액. 다만, 제1호 각 목 외의 부분 후단에 따라 뺀 금액이 0보다 적은 경우에는 금융재산가액을 0으로 한다.

   3. 제5조의3제1항제3호의 재산가액(제5조의3제 1항제3호의 자동차 중 화물자동차 등 보건 복지부장관이 정하여 고시하는 자동차의 가 액은 제외한다)에 소득환산율을 곱한 금액

② 법 제6조의3제2항에 따른 소득환산율은 이자 율, 물가상승률, 부동산 및 전세가격 상승률 등을 고려하여 보건복지부장관이 정하여 고시 한다.

③ 제1항가목 및 제2항에 따라 보건복지부장관이 기본재산액 및 소득환산율을 고시하는 경우에 는 차상위자의 생활여건 등을 고려하여 수급자 와 달리 정할 수 있다.

제5조의5(차상위자에 대한 급여의 기준 등)

① 법 제7조제3항에 따라 차상위자에게 지급하는 급여는 자활급여로 한다.

② 제1항에 따른 자활급여는 차상위자의 근로능력, 취업상태 및 가구 여건 등을 고려하여 제17조부터 제21조까지 및 제21조의2에 따른 급여를 실시하는 것으로 한다.

③ 제2항에 따른 자활급여의 신청 및 지급 절차 등에 관하여 필요한 사항은 보건복지부령으로 정한다.

제5조의6(부양능력이 없는 경우)

① 법 제8조의2제1항제1호에서 "대통령령으로 정하는 소득·재산 기준 미만인 경우"란 부양의무자가 다음 각 호의 어느 하나에 해당하는 경우를 말한다.

1. 수급자인 경우

2. 삭제

3. 다음 각 목의 어느 하나에 해당하는 사람으로서 재산의 소득환산액이 보건복지부장관이 정하여 고시하는 금액 미만인 경우

　가. 제5조에 따른 실제소득에서 질병, 교육 및 가구특성을 고려하여 보건복지부장관이 정하여 고시하는 금액을 뺀 금액(이하 "차감된 소득"이라 한다)이 기준 중위소득 미만인 사람

　나. 일용근로 등에 종사하는 사람. 이 경우 일용근로는 근로를 한 날이나 시간에 따라 근로대가를 계산하는 근로로서 고용계약기간이 1개월 미만인 근로로 한다.

4. 제1호부터 제3호까지 외의 사람으로서 다음 각 목의 요건을 모두 충족하는 경우

　가. 차감된 소득이 수급권자 기준 중위소득의 100분의 40과 해당 부양의무자 기준 중위소득을 더한 금액 미만일 것

　나. 재산의 소득환산액이 보건복지부장관이 정하여 고시하는 금액 미만일 것

　다. 부양의무자의 차감된 소득에서 부양의무자 기준 중위소득에 해당하는 금액을 뺀 금액의 범위에서 보건복지부장관이 정하는 금액을 수급권자에게 정기적으로 지원할 것

5. 삭제

② 보건복지부장관은 제1항에도 불구하고 다음 각 호의 어느 하나에 해당하는 경우에는 부양능력 인정기준을 완화하여 정할 수 있다.

1. 부양의무자가 혼인한 딸이거나 혼인한 딸의 직계존속인 경우

2. 부양의무자 가구에「장애인연금법」제2조제1호에 따른 중증장애인이 있는 경우

3. 노인, 장애인, 한부모가족 등 수급권자 가구의 특성으로 인하여 특히 생활이 어렵다고 보건복지부장관이 정하는 경우

제6조(생계급여의 지급방법)

① 법 제9조제2항 본문 및 제27조의2에 따라 생계급여에 해당하는 금전을 매월 정기적으로 미리 지급하는 경우에는 매월 20일(토요일이거나 공휴일인 경우에는 그 전날로 한다)에 금융회사등의 수급자 명의의 지정된 계좌에 입금해야 한다.

1. 삭제

2. 삭제

3. 삭제

② 삭제

③ 삭제

④ 제1항에도 불구하고 수급자가 금융회사등이 없는 지역에 거주하거나 정보통신장애 등 부득이한 사유가 있는 경우에는 해당 금전을 수급자에게 직접 지급할 수 있다.

제7조(근로능력이 있는 수급자)

① 법 제9조제5항 진단에 따른 근로능력이 있는 수급자는 18세 이상 64세 이하의 수급자로 한다. 다만, 다음 각 호의 어느 하나에 해당하는 사람은 제외한다.

1. 「장애인고용촉진 및 직업재활법」 제2조제2호에 따른 중증장애인

2. 질병, 부상 또는 그 후유증으로 치료나 요양이 필요한 사람 중에서 근로능력평가를 통하여 시장·군수·구청장이 근로능력이 없다고 판정한 사람

3. 삭제

4. 삭제

5. 그 밖에 근로가 곤란하다고 보건복지부장관이 정하는 사람

② 시장·군수·구청장은 제1항제2호에 따른 근로능력평가를 「국민연금법」 제24조에 따른 국민연금공단에 의뢰할 수 있다.

③ 제1항제2호에 따른 판정에 이의가 있는 사람은 보건복지부령으로 정하는 바에 따라 시장·군수·구청장에게 재판정(再判定)을 신청할 수 있다.

④ 제1항제2호에 따른 근로능력 평가의 기준, 방법 및 절차 등에 관한 사항은 보건복지부장관이 정하여 고시한다.

제8조(조건부수급자)

① 법 제9조제5항에 따라 자활에 필요한 사업(이하 "자활사업"이라 한다)에 참가할 것을 조건으로 부과하여 생계급여를 지급받는 사람(이하 "조건부수급자"라 한다)은 제7조에 따른 근로능력이 있는 수급자로 한다.

② 제1항에도 불구하고 시장·군수·구청장은 제7조에 따른 근로능력이 있는 수급자 중 다음 각 호의 어느 하나에 해당하는 사람에게는 제1항에 따른 조건 부과를 유예할 수 있다. 다만, 제3호에 해당하는 사람의 경우에는 그 유예기간을 3개월로 한정한다.

1. 개별가구 또는 개인의 여건 등으로 자활사업에 참가하기가 곤란한 다음 각 목의 어느 하나에 해당하는 사람

가. 미취학 자녀, 질병·부상 또는 장애 등으로 거동이 곤란한 가구원이나 치매 등으로 특히 보호가 필요한 가구원을 양육·간병 또는 보호하는 수급자(가구별로 1명으로 한정하되, 양육·간병 또는 보호를 할 수 있는 다른 가구원이 있거나 사회복지시설 등에서 보육·간병 또는 보호서비스를 제공받는 경우는 제외한다)

나. 「고등교육법」 제2조 각 호(제5호는 제외한다)에 따른 학교에 재학 중인 사람

다. 「장애인고용촉진 및 직업재활법」 제9조에 따른 장애인 직업재활 실시 기관 및 같은 법 제43조에 따른 한국장애인고용공단이 실시하는 고용촉진 및 직업재활 사업에 참가하고 있는 장애인

라. 임신 중이거나 분만 후 6개월 미만인 여자

마. 사회복무요원 등 법률상 의무를 이행 중인 사람

2. 근로 또는 사업에 종사하는 대가로 보건복지부장관이 정하여 고시하는 기준을 초과하는 소득을 얻고 있는 사람으로서 다음 각 목의 어느 하나에 해당하는 사람

가. 주당 평균 3일(1일 6시간 이상 근로에 종사하는 경우만 해당한다) 이상 근로에 종사하거나 주당 평균 4일 이상의 기간 동안 22시간 이상 근로에 종사하는 사람

나. 「부가가치세법」 제8조에 따라 사업자등록을 하고 그 사업에 종사하고 있는 사람

3. 환경 변화로 적응기간이 필요하다고 인정되는 다음 각 목의 어느 하나에 해당하는 사람

가. 「병역법」에 따른 입영예정자 또는 전역자

나. 「형의 집행 및 수용자의 처우에 관한 법률」 및 「치료감호 등에 관한 법률」 등에 따른 교도소, 구치소, 치료감호시설 등에서 출소한 사람

다. 법 제32조에 따른 보장시설에서 퇴소한
　　사람

라. 「초·중등교육법」 제2조제3호부터 제5
　　호까지의 규정에 따른 학교 또는 「고등
　　교육법」 제2조 각 호(제5호는 제외한
　　다)에 따른 학교의 졸업자

마. 질병·부상 등으로 2개월 이상 치료를
　　받고 회복 중인 사람

4. 그 밖에 자활사업에 참가할 것을 조건으로
　하여 생계급여를 지급하는 것이 곤란하다고
　보건복지부장관이 정하는 사람

③ 제2항에 따라 조건 부과를 유예받은 사람은 그
　유예기간 동안 조건부수급자로 보지 아니한다.

제9조(사회복지시설 등의 우선 이용) 보장기관은
제8조제2항제1호가목에 해당하는 수급자가 근로활
동이나 자활사업에 참가할 수 있도록 하기 위하여
사회복지시설 등의 보육·간병 또는 보호 서비스
를 우선적으로 이용할 수 있는 필요한 조치를 하
여야 한다.

제10조(자활사업)

① 자활사업은 다음 각 호의 사업으로 한다.

1. 제18조에 따른 직업훈련
2. 제19조에 따른 취업알선 등의 제공
3. 제20조에 따른 자활근로
4. 「직업안정법」 제2조의2제1호에 따른 직업
　안정기관(이하 "직업안정기관"이라 한다)의
　장이 제시하는 사업장에의 취업
5. 「고용정책 기본법」 제34조제1항제5호에 따
　른 공공근로사업
6. 법 제16조에 따른 지역자활센터(이하 "지역
　자활센터"라 한다)의 사업
7. 법 제18조에 따른 자활기업(이하 "자활기업"
　라 한다)의 사업
8. 개인 창업 또는 공동 창업
9. 근로의욕 제고 및 근로능력 유지를 위한 자
　원봉사
10. 그 밖에 수급자의 자활에 필요하다고 보건
　복지부장관이 정하여 고시하는 사업

② 시장·군수·구청장은 제1항제9호에 따라 생계
　급여의 조건으로 자원봉사를 제시받은 조건부
　수급자가 그와 다른 자원봉사를 하려는 경우에
　는 그 자원봉사의 내용·기간 및 자원봉사 이
　행 여부의 확인자 등을 고려하여 그 자원봉사
　를 생계급여의 조건으로 인정할 수 있으며, 필
　요한 경우에는 자원봉사의 내용 등을 변경하여
　인정할 수 있다.

제11조(생계급여의 조건 제시방법 및 결과 통지)

① 시장·군수·구청장은 법 제9조제5항에 따라
　수급자가 조건부수급자로 결정된 날부터 1개월
　이내에 법 제28조의 자활지원계획(이하 "가구
　별 자활지원계획"이라 한다)에 따라 자활사업
　에 참가할 것을 생계급여의 조건으로 해당 조
　건부수급자에게 제시하여야 한다.

② 제1항에도 불구하고 시장·군수·구청장은 조
　건부수급자의 근로능력, 자활욕구 및 가구 여
　건 등이 취업에 적합한 경우 그 조건부수급자
　(이하 "취업대상자"라 한다)의 취업을 촉진하기
　위하여 해당 특별자치시·특별자치도·시·
　군·구(자치구를 말한다. 이하 같다)를 관할하
　는 직업안정기관의 장이 지정하는 자활사업에
　참가할 것을 생계급여의 조건으로 취업대상자
　에게 제시하여야 한다. 이 경우 시장·군수·
　구청장은 자활사업 참가에 관한 사실을 직업안
　정기관의 장에게 지체 없이 서면(전자문서를
　포함한다)으로 통지하여야 한다.

③ 직업안정기관의 장은 제2항 후단에 따른 통지
　를 받은 경우에는 제13조제1항의 개인별 취업
　지원계획에 따라 취업대상자가 참가할 자활사
　업을 지정하고 이를 취업대상자 및 시장·군
　수·구청장에게 지체 없이 서면(전자문서를 포
　함한다)으로 통지하여야 한다.

④ 직업안정기관의 장은 제3항에 따른 취업대상자의 조건 이행 여부에 대한 의견 등을 포함한 자활사업 참가 결과를 3개월마다 시장·군수·구청장에게 서면(전자문서를 포함한다)으로 통지하여야 한다. 다만, 취업대상자가 조건 이행을 중도에 포기하거나 거부하는 등의 사유가 있는 경우에는 그 결과를 지체 없이 서면(전자문서를 포함한다)으로 통지하여야 한다.

⑤ 제2항에 따른 조건부수급자의 구분기준, 조건부수급자별로 제시할 자활사업의 종류와 내용 및 생계급여의 조건 제시방법 등에 관하여 필요한 사항은 보건복지부장관이 관계 중앙행정기관의 장과 협의하여 정한다.

제12조(자활사업의 위탁시행)

① 시장·군수·구청장 및 직업안정기관의 장은 제10조제1항 각 호의 자활사업을 실시하는 공공기관·민간기관·공공단체 또는 민간단체(이하 "자활사업실시기관"이라 한다)에 조건부수급자에 대한 자활사업을 위탁하여 시행할 수 있다. 이 경우 시장·군수·구청장 및 직업안정기관의 장은 조건부수급자의 수용능력 등에 관하여 미리 자활사업실시기관의 장과 협의하여야 한다.

② 자활사업실시기관의 장은 제1항에 따라 자활사업의 시행을 위탁받은 조건부수급자의 조건 이행 여부에 대한 의견 등을 포함한 자활사업 참가결과를 3개월마다 시장·군수·구청장 또는 직업안정기관의 장에게 서면(전자문서를 포함한다)으로 통지하여야 한다. 다만, 조건부수급자가 조건 이행을 중도에 포기하거나 거부하는 등의 사유가 있는 경우에는 그 결과를 지체 없이 서면(전자문서를 포함한다)으로 통지하여야 한다.

제13조(취업지원계획)

① 직업안정기관의 장은 제11조제2항 후단에 따른 통지를 받은 취업대상자에 대하여 개인별 취업지원계획을 수립하여 시장·군수·구청장에게 통지하여야 한다. 이 경우 통지를 받은 시장·군수·구청장은 취업대상자의 가구별 자활지원계획에 이를 기록·관리하여야 한다.

② 고용노동부장관은 취업대상자에 대한 취업지원 업무를 원활히 수행하기 위하여 해마다 12월 31일까지 종합취업지원계획을 수립하여야 한다.

③ 직업안정기관의 장 및 고용노동부장관은 제1항에 따른 개인별 취업지원계획 및 제2항에 따른 종합취업지원계획을 수립하는 경우 시장·군수·구청장에게 필요한 자료의 제공을 요청할 수 있다.

제14조삭제

제15조(조건부수급자의 생계급여 결정)

① 법 제9조제5항에 따라 시장·군수·구청장은 보건복지부령으로 정하는 바에 따라 조건부수급자가 사업에 참가한 달의 다음 달부터 3개월마다 생계급여의 지급 여부 및 급여액을 결정하여야 한다. 다만, 다음 각 호의 어느 하나의 경우에는 지체 없이 조건부수급자의 생계급여의 지급 여부 및 급여액을 결정하여야 한다.

1. 조건부수급자가 조건을 이행하지 아니하는 것이 명백한 경우
2. 제11조제4항 단서 및 제12조제2항 단서에 따라 직업안정기관의 장 및 자활사업실시기관의 장으로부터 조건부수급자가 조건을 이행하지 아니한다는 통지를 받은 경우

② 시장·군수·구청장은 제1항에 따라 생계급여의 지급 중지 및 중지 급여액을 결정한 경우에는 보건복지부령으로 정하는 바에 따라 중지 사실 및 중지 급여액을 조건부수급자에게 서면(전자문서를 포함한다)으로 통지하여야 한다.

③ 생계급여의 중지기간, 중지 급여액 및 재개(再開) 등에 필요한 사항은 보건복지부령으로 정한다.

제16조(교육급여)

① 법 제12조에 따른 교육급여는 다음 각 호의 학교 또는 시설에 입학하거나 재학하는 사람에게 입학금, 수업료(제6호의 경우에는 학습비를 말한다) 및 학용품비와 그 밖의 수급품(이하 "학비"라 한다)을 지급하는 것으로 한다.

1. 「초·중등교육법」 제2조제1호에 따른 초등학교·공민학교
2. 「초·중등교육법」 제2조제2호에 따른 중학교·고등공민학교
3. 「초·중등교육법」 제2조제3호에 따른 고등학교·고등기술학교
4. 「초·중등교육법」 제2조제4호에 따른 특수학교
5. 「초·중등교육법」 제2조제5호에 따른 각종학교로서 제1호부터 제4호까지의 규정에 따른 학교와 유사한 학교
6. 「평생교육법」 제31조에 따른 학교형태의 평생교육시설(「평생교육법」 제31조제2항에 따라 교육감이 고등학교졸업 이하의 학력이 인정되는 시설로 지정한 시설만 해당한다)

② 제1항에 따른 수급자가 「초·중등교육법 시행령」 등 다른 법령에 따라 의무교육을 받거나 학비를 감면 또는 지원받는 경우에는 이에 해당하는 학비는 지원하지 아니한다. 다만, 교육부장관이 정하는 장학상 필요한 사람에게는 다른 법령에 따라 학비를 감면 또는 지원받는 경우에도 학비를 전액 지원할 수 있다.

제17조(자금의 대여 등)

① 보장기관은 법 제15조제1항제1호에 따라 수급자에게 자활에 필요한 다음 각 호의 자금을 대여할 수 있다.

1. 사업의 창업자금 및 운영자금
2. 취업에 필요한 기술훈련비

3. 그 밖에 보건복지부장관이 수급자의 자활에 필요하다고 인정하는 비용

② 제1항에 따른 자금은 「공공자금관리기금법」에 따른 공공자금관리기금이나 일반회계에서 대여한다.

③ 보장기관은 제1항에 따라 자금을 대여받으려는 사람의 자금 대여 규모, 사용 계획 등이 보건복지부장관이 정하는 기준에 적합한 경우에는 마이크로크레디트 방식(자금을 보증 없이 대여하면서 자활에 필요한 교육·훈련·경영지원 등을 제공하는 방식을 말한다)으로 자금을 대여할 수 있다.

④ 보장기관은 자금을 대여받은 수급자가 대여신청 당시의 목적대로 자금을 사용하지 아니하는 경우에는 시정을 요구할 수 있으며, 수급자가 정당한 사유 없이 시정 요구를 이행하지 아니한 경우에는 대여한 자금을 수급자로부터 회수할 수 있다.

⑤ 자금의 대여신청, 대상자의 선정 및 대여자금의 상환 등에 필요한 사항은 보건복지부령으로 정한다.

제18조(직업훈련)

① 법 제15조제1항제2호에 따른 기능습득의 지원은 수급자 중 직업훈련이 가능한 사람을 직업훈련기관에 위탁하여 직업훈련을 받도록 하고, 그 훈련에 필요한 준비금·수당·식비 등을 지원하는 것으로 한다.

② 보건복지부장관은 제1항에 따른 직업훈련 대상자의 규모, 훈련 직종, 대상자 선정기준 등이 포함된 직업훈련의 지원에 관한 계획을 해마다 수립하여야 한다. 이 경우 취업 효과를 높이기 위하여 훈련 직종의 선정 등에 관하여 관계 중앙행정기관의 장과 협의하여야 한다.

③ 직업훈련기관, 직업훈련비의 지급 및 훈련자의 관리 등에 필요한 사항은 보건복지부령으로 정한다.

제19조(취업알선 등의 제공) 보장기관은 법 제15조제1항제3호에 따라 수급자가 능력 및 적성에 맞는 직업에 취업할 수 있도록 직업상담 및 직업적성검사 등 적절한 직업지도와 취업알선 등을 수급자에게 직접 제공하거나 직업안정기관에 위탁하여 제공할 수 있다.

제20조(자활근로)

① 보장기관은 법 제15조제1항제2호에 따른 자활에 필요한 근로능력의 향상 및 기능습득의 지원과 법 제15조제1항제4호에 따른 근로기회의 제공을 위하여 수급자에게 공익성이 높은 사업이나 지역주민의 복지향상을 위하여 필요한 사업 등에서 유급(有給)으로 근로(이하 "자활근로"라 한다)할 수 있는 기회를 제공할 수 있다.

② 제1항에 따른 자활근로의 대상사업 및 대상자 선정방법 등에 관하여 필요한 사항은 보건복지부령으로 정한다.

제21조(창업지원) 보장기관은 법 제15조제1항제6호에 따라 수급자의 창업지원 등을 위하여 다음 각 호의 사항을 지원할 수 있다.

1. 창업 업종의 선정 및 사업계획 수립의 지도
2. 기능훈련, 제품개발 등의 지도
3. 세무, 회계, 법률 등 경영 관련 교육
4. 공공ㆍ민간 창업지원서비스의 연계 및 알선
5. 그 밖에 창업지원 및 경영개선에 관한 사항으로서 보건복지부장관이 정하는 사항

제21조의2(자산형성의 대상 등)

① 법 제15조제1항제7호 및 제18조의8에 따른 자산형성지원의 대상은 가구별 사업소득 및 근로소득이 기준 중위소득의 일정 비율 이상인 사람 중에서 수급자 및 차상위자의 가구 여건 및 취업 상태를 고려하여 선정한다. 이 경우 기준 중위소득에 대한 비율 기준은 보건복지부장관이 정하여 고시한다.

② 제1항에 따라 자산형성지원 대상으로 선정된 수급자 및 차상위자(이하 이 조에서 "지원대상자"라 한다)에게 지원하는 금액(이하 이 조에서 "지원금"이라 한다)은 지원대상자의 근로소득 등에 따라 차등하여 보건복지부장관이 정하여 고시한다.

③ 지원대상자는 제21조의3제1호에 따른 금융업무를 하는 기관에 다음 각 호의 어느 하나에 해당하는 용도로 저축을 하여야 한다.

1. 주택 구입비 또는 임대비
2. 본인 및 자녀의 고등교육비ㆍ기술훈련비
3. 사업의 창업자금 및 운영자금
4. 그 밖에 보건복지부장관이 정하여 고시하는 용도

④ 보장기관은 제3항에 따라 저축을 하는 지원대상자의 자산형성을 지원하기 위하여 보건복지부장관이 정하여 고시하는 바에 따라 지원금을 적립하여야 한다.

⑤ 보장기관은 지원대상자가 다음 각 호의 어느 하나에 해당하는 경우에는 제4항에 따라 적립된 지원금을 지급할 수 있다. 이 경우 지원대상자는 지급받은 지원금을 제3항 각 호의 용도로 사용하여야 한다.

1. 사업소득 또는 근로소득의 증가 등으로 소득인정액이 보건복지부장관이 정하여 고시하는 기준 중위소득의 일정비율을 초과한 경우
2. 기업 등에 채용되거나 단독 또는 공동으로 창업하여 보건복지부장관이 정하여 고시하는 금액 이상의 소득이 발생한 경우
3. 그 밖에 보건복지부장관이 정하여 고시하는 요건을 충족한 경우

⑥ 보장기관은 지원대상자에게 채무 관리, 자산 관리, 신용 관리, 재무 설계 등의 교육을 할 수 있다.

⑦ 보장기관은 지원대상자가 제5항에 따라 지급받은 지원금을 제3항 각 호의 용도와 다르게 사용하거나 제6항에 따른 교육을 받지 아니하면 지원금을 회수할 수 있다. 〈개정 2012. 6. 12.〉

⑧ 보장기관은 법 제18조의8제4항에 따라 같은 조 제1항 및 제2항에 따른 자산형성지원과 그 교육에 관한 업무를 법 제15조의2제1항에 따른 한국자활복지개발원(이하 "자활복지개발원"이라 한다)에 위탁한다.

⑨ 제1항부터 제8항까지에서 규정한 사항 외에 지원신청, 대상자 선정, 지원금 지급 및 회수 등에 필요한 사항은 보건복지부장관이 정하여 고시한다.

제21조의3(자활급여의 위탁) 법 제15조제2항 전단에서 "대통령령으로 정하는 기관"이란 다음 각 호의 기관을 말한다.

　1. 금융회사등으로서 보건복지부장관이 정하는 기관

　2. 법 제15조제1항제4호에 따라 수급자 및 차상위자를 인턴사원으로 채용하는 사업자

　3. 자활사업 수행 실적 등을 고려하여 자활급여 수행능력이 있다고 보건복지부장관이 인정하는 기관

제21조의4(자활복지개발원의 정관) 자활복지개발원의 정관에는 다음 각 호의 사항이 포함되어야 한다.

　1. 목적

　2. 명칭

　3. 주된 사무소가 있는 곳

　4. 임원 및 직원의 임면(任免)

　5. 이사회의 운영

　6. 사업범위 및 내용과 그 집행

　7. 회계

　8. 정관의 변경

　9. 내부 규정의 제정 · 개정 및 폐지

제21조의5(자활복지개발원의 이사회)

① 자활복지개발원에 다음 각 호의 사항을 심의 · 의결하기 위하여 이사회를 둔다.

　1. 사업계획 및 예산 · 결산

　2. 주요 재산의 취득 · 관리 및 처분

　3. 임원 및 직원의 임면

　4. 정관의 변경

　5. 내부 규정의 제정 · 개정 및 폐지

　6. 그 밖에 자활복지개발원 운영에 관하여 심의 · 의결이 필요하다고 판단되는 사항

② 이사회는 원장을 포함한 이사로 구성한다.

③ 이사장은 원장을 제외한 이사 중에서 호선(互選)한다.

④ 이사장은 이사회를 소집하고 그 의장이 된다.

⑤ 감사는 이사회에 출석하여 의견을 진술할 수 있다.

제21조의6(자활복지개발원의 회계) 자활복지개발원의 회계연도는 정부의 회계연도를 따른다.

제21조의7(국유재산의 무상대부 등) 법 제15조의6 제2항에 따라 자활복지개발원에 국유재산을 무상으로 대부 · 양여하거나 사용 · 수익하게 하는 경우 그 내용 · 조건 및 절차 등은 해당 국유재산의 관리청과 자활복지개발원이 계약으로 정한다.

제22조(지역자활센터의 사업) 법 제16조제1항제6호에 따른 그 밖에 자활을 위한 각종 사업은 다음 각 호의 사업으로 한다.

　1. 수급자 또는 차상위자의 부업소득 향상을 위한 부업장의 설치 · 운영사업

　2. 자활기업 또는 부업장의 일감 확보 및 판로 개척을 위한 알선사업

　3. 자활기업 또는 부업장의 운영을 위한 후원의 알선사업

　4. 수급자 또는 차상위자의 자녀교육 및 보육을 위한 자활지원관의 설치 · 운영사업

　5. 그 밖에 자활을 위하여 보건복지부령으로 정하는 사업

제23조삭제

제24조삭제

제25조삭제

제26조(수급자 등 채용기업에 대한 지원)

① 법 제18조의6에 따라 지원을 받을 수 있는 기업은 상시근로자의 100분의 20 이상을 수급자 또는 차상위자로 채용하는 기업으로 한다. 이 경우 채용 당시는 수급자 또는 차상위자였으나 채용 후 수급자 및 차상위자를 면하게 된 사람이 계속하여 취업하고 있는 경우에는 수급자 및 차상위자로 산정(算定)한다.

② 제1항에 따른 기업에 대한 지원기간은 5년의 범위에서 보장기관이 정한다.

③ 보장기관은 제1항 및 제2항에 따라 지원을 받는 기업의 수급자 및 차상위자 고용비율이 기준에 미달하는 경우에는 시정을 요구할 수 있으며, 기업이 정당한 사유 없이 시정 요구를 이행하지 아니하면 지원을 중단할 수 있다.

④ 제1항 및 제2항에 따라 지원을 받고 있는 기업은 수급자 및 차상위자의 고용비율, 지원금의 사용 내용을 해마다 보고하여야 한다.

⑤ 제1항부터 제4항까지에서 규정한 사항 외에 지원신청, 지원 중단 및 보고 등의 절차 및 방법 등에 관하여 필요한 사항은 보건복지부장관이 정하여 고시한다.

제26조의2(자활기금의 적립)

① 법 제18조의7제1항에 따라 특별시장·광역시장·특별자치시장·도지사·특별자치도지사(이하 "시·도지사"라 한다) 또는 시장·군수·구청장이 적립해야 하는 자활기금(이하 "기금"이라 한다)의 적립금액은 시·도지사 또는 시장·군수·구청장이 정한다.

② 시·도지사 또는 시장·군수·구청장은 기금의 적립계좌를 별도로 개설하고 기금을 적립해야 한다.

제26조의3(기금의 재원)

① 기금은 다음 각 호의 재원으로 조성한다.

1. 지방자치단체 또는 지방자치단체 외의 자로부터의 출연금
2. 다른 기금으로부터의 출연금
3. 금융회사등 또는 다른 기금으로부터의 장기차입금
4. 기금의 대여에 따른 이자수입
5. 자활근로의 실시 결과 발생하는 수익금
6. 기금의 운용수익

② 국가는 기금의 재원 확충을 위하여 특별시·광역시·특별자치시·도·특별자치도(이하 "시·도"라 한다) 및 시·군·구에 보조할 수 있다.

제26조의4(기금의 용도) 기금은 다음 각 호의 용도로 운용한다.

1. 자활기업이 금융회사등으로부터 대여받은 자금의 금리 차이에 대한 보전(補塡)
2. 법 제15조제1항제1호에 따른 자활근로 참가자의 자활조성을 위한 자금 대여
3. 법 제15조제1항제7호에 따른 자산형성지원
4. 법 제18조제3항제1호에 따른 자활기업 사업자금 대여
5. 법 제18조의6에 따른 수급자 및 차상위자 채용기업에 대한 사업자금 대여
6. 제37조에 따른 자활지원계획의 집행에 필요한 비용
7. 「지역신용보증재단법」과 그 밖의 다른 법률에 따라 신용보증업무를 수행하는 기관이 다음 각 목의 채무를 신용보증하는 경우에 드는 비용
   가. 자활기업이 금융회사등 또는 기금으로부터 대여받는 채무
   나. 수급자가 대여받는 생업자금 채무
8. 수급자 및 차상위자의 자활지원에 필요하여 해당 지방자치단체의 조례로 정하는 사업
9. 자활사업 연구·개발·평가 등을 위한 비용

10. 수급자 및 차상위자(근로소득 또는 사업소득의 증가 등으로 수급자에서 차상위자로 된 사람에 한정한다)의 자활지원을 위하여 「국민건강보험법」, 「국민연금법」 또는 「고용보험법」 등에 따라 부담하는 본인의 보험료 지원

제26조의5(기금의 운용·관리 등)

① 기금은 시·도지사 또는 시장·군수·구청장이 운용·관리한다.

② 시·도지사 또는 시장·군수·구청장은 기금의 수입과 지출에 관한 사무를 수행하기 위하여 소속 공무원 중에서 기금수입징수관, 기금재무관, 기금지출관 및 기금출납공무원을 임명한다.

③ 이 영에서 정한 사항 외에 기금의 운용·관리에 필요한 사항은 해당 지방자치단체의 조례로 정한다.

제26조의6(이익 및 결손의 처리)

① 기금의 결산 결과 이익금이 생긴 경우에는 전액 적립하여야 한다.

② 기금의 결산 결과 손실금이 생긴 경우에는 제1항에 따른 적립금으로 보전하고, 적립금으로 부족한 경우에는 해당 지방자치단체의 예산으로 손실금을 보전할 수 있다.

제26조의7(기금의 지도·감독)

① 기금의 효율적인 관리를 위하여 필요한 경우 보건복지부장관은 시·도에 설치된 기금의 운용 상황을 지도·감독할 수 있고, 시·도지사는 시·군·구에 설치된 기금의 운용 상황을 지도·감독할 수 있다.

② 시·도지사는 보건복지부령으로 정하는 바에 따라 해당 시·도 및 관할 시·군·구에 설치된 기금의 운용·관리 실적을 보건복지부장관에게 제출하여야 한다.

제26조의8(자활지원사업 통합정보전산망의 구축·운영)

보건복지부장관은 법 제18조의10제5항에 따라 같은 조 제1항에 따른 자활지원사업 통합정보전산망의 구축·운영에 관한 업무를 자활복지개발원에 위탁한다.

제27조(중앙생활보장위원회의 조직 및 구성)

① 법 제20조제2항에 따른 중앙생활보장위원회(이하 "중앙생활보장위원회"라 한다)에는 부위원장 1명을 둔다.

② 부위원장은 위원 중에서 호선한다.

③ 위원 중 관계 행정기관 소속 공무원은 다음 각 호의 사람으로 한다.
   1. 기획재정부 제2차관
   2. 교육부 차관
   3. 행정안전부 차관
   4. 고용노동부 차관
   5. 국토교통부 제1차관

제27조의2(소위원회)

① 중앙생활보장위원회에 상정할 안건의 효율적인 검토를 위하여 필요한 경우에는 중앙생활보장위원회에 분야별로 소위원회를 구성·운영할 수 있다.

② 제1항에 따른 분야별 소위원회는 소위원회위원장을 포함하여 13명 이내의 위원으로 구성하며, 소위원회 위원장은 중앙생활보장위원회 위원장(이하 "위원장"이라 한다. 이하 이 조에서 같다)이 위원 중에서 지명한다.

③ 분야별 소위원회의 위원은 위원장이 다음 각 호의 사람 중에서 전문분야, 성별 등을 고려하여 위촉하거나 임명한다.
   1. 중앙생활보장위원회 위원
   2. 해당 분야에서 전문지식과 경험이 풍부한 사람
   3. 분야별 소위원회의 운영과 관련된 중앙행정기관의 4급 이상 공무원

제28조(지방생활보장위원회의 조직과 구성)

① 법 제20조제6항에 따라 시·도 및 시·군·구에 두는 생활보장위원회(이하 "지방생활보장위원회"라 한다)는 위원장 및 부위원장 각 1명을 포함하여 15명 이내의 위원으로 구성된다. 이 경우 법 제20조제4항제1호 및 제2호에 규정된 사람의 참여 기회를 보장하여야 한다.

② 부위원장은 위원 중에서 호선한다.

③ 법 제20조제1항 단서에 따라 다른 위원회가 지방생활보장위원회의 기능을 대신하는 경우 위원회를 구성할 때 법 제20조제4항제1호 및 제2호에 규정된 사람의 참여 기회를 보장하여야 한다.

④ 지방생활보장위원회는 심의사항을 전문적으로 검토하기 위하여 의결로 소위원회를 둘 수 있다.

⑤ 제4항에 따른 소위원회(이하 "소위원회"라 한다)는 소위원회 위원장을 포함하여 7명 이내의 위원으로 구성되며, 소위원회 위원장은 지방생활보장위원회 위원장이 지방생활보장위원회의 의결을 거쳐 위원 중에서 지명한다.

제29조(지방생활보장위원회의 기능)

① 시·도에 두는 지방생활보장위원회는 다음 각 호의 사항을 심의·의결한다.
　1. 시·도의 생활보장사업 기본방향 및 시행계획의 수립에 관한 사항
　2. 법 제43조제5항에 따라 해당 시·도가 실시하는 급여에 관한 사항
　3. 제26조의2부터 제26조의7까지의 규정에 따른 자활기금의 설치·운용에 관한 사항
　4. 제37조제2항에 따른 자활지원계획에 관한 사항
　5. 그 밖에 시·도지사가 회의에 부치는 사항

② 시·군·구에 두는 지방생활보장위원회는 다음 각 호의 사항을 심의·의결한다.
　1. 시·군·구의 생활보장사업 기본방향 및 시행계획의 수립에 관한 사항

　2. 법 제14조의2에 따라 법 제7조제1항 각 호의 급여를 받을 자격이 있는 수급권자에 해당하지 아니하여도 생활이 어려운 사람의 보호를 위하여 보건복지부장관 또는 소관 중앙행정기관의 장이 정하는 급여의 결정에 관한 사항
　3. 법 제23조제1항에 따른 연간조사계획에 관한 사항
　4. 법 제43조제5항에 따라 해당 시·군·구가 실시하는 급여에 관한 사항
　5. 제26조의2부터 제26조의7까지의 규정에 따른 자활기금의 설치·운용에 관한 사항
　6. 제37조제1항에 따른 자활지원계획에 관한 사항
　7. 보장비용 징수 제외 및 결정, 금품의 반환·징수·감면 관련 사항 및 결손처분 관련 사항
　8. 그 밖에 시장·군수·구청장이 회의에 부치는 사항

제30조(위원의 임기와 직무)

① 중앙생활보장위원회 및 지방생활보장위원회(이하 "각 위원회"라 한다) 위원 중 위촉위원의 임기는 2년으로 한다.

② 각 위원회의 위원장은 해당 위원회를 대표하고, 그 위원회의 사무를 총괄한다.

③ 각 위원회의 부위원장은 위원장을 보좌하며, 위원장이 부득이한 사유로 직무를 수행할 수 없는 경우에는 그 직무를 대행한다.

제30조의2(위원의 해촉) 보건복지부장관은 법 제20조제3항제1호 또는 제2호 및 이 영 제27조의2 제3항제2호에 따라 위촉된 위원이 다음 각 호의 어느 하나에 해당하는 경우에는 해촉(解囑)할 수 있다.

　1. 심신장애로 인하여 직무를 수행할 수 없게 된 경우
　2. 직무와 관련된 비위사실이 있는 경우

3. 직무태만, 품위손상이나 그 밖의 사유로 인하여 위원으로 적합하지 아니하다고 인정되는 경우

4. 위원 스스로 직무를 수행하는 것이 곤란하다고 의사를 밝히는 경우

제31조(회의 및 의사)

① 각 위원회의 위원장은 해당 위원회의 회의를 소집하고 그 회의의 의장이 된다.

② 각 위원회의 위원장은 재적위원 3분의 1 이상으로부터 회의 소집의 요청을 받은 경우에는 지체 없이 회의를 소집하여야 한다.

③ 각 위원회의 회의는 재적위원 과반수의 출석과 출석위원 과반수의 찬성으로 의결한다.

제32조(의견의 청취) 각 위원회의 위원장은 해당 위원회의 심의사항과 관련하여 필요하다고 인정할 경우 전문가 또는 관계인 등을 출석시켜 의견을 들을 수 있다.

제33조(간사)

① 각 위원회의 서무를 처리하기 위하여 각 위원회에 간사 1명을 두며, 간사는 각 위원회를 두는 기관의 장이 소속 공무원 중에서 임명한다.

② 제1항에 따른 간사는 각 위원회에 출석하여 의견을 진술할 수 있다.

제34조(수당과 여비) 각 위원회에 출석한 위원·전문가·관계인 등에게 예산의 범위에서 수당과 여비를 지급할 수 있다. 다만, 공무원인 위원이 소관 업무와 관련하여 출석하는 경우에는 그러하지 아니하다.

제35조(운영 규정) 이 영에서 정하는 사항 외에 각 위원회 및 그 소위원회의 구성·운영 등에 필요한 사항은 해당 각 위원회의 의결을 거쳐 각 위원회의 위원장이 정한다.

제36조(금융정보등의 범위) 법 제21조제3항에 따라 수급권자 등이 급여를 신청하는 경우 수급권자와 부양의무자가 제공하는 데 동의하여야 하는 금융정보, 신용정보 및 보험정보(이하 "금융정보등"이라 한다)의 범위는 다음 각 호와 같다.

1. 금융정보
   가. 보통예금, 저축예금, 자유저축예금, 외화예금 등 요구불예금 : 최근 3개월 이내의 평균 잔액 및 입금액 총액
   나. 정기예금, 정기적금, 정기저축 등 저축성예금 : 예금의 잔액 또는 총납입액
   다. 주식, 수익증권, 출자금, 출자지분, 부동산(연금)신탁 : 최종 시세가액. 이 경우 비상장주식의 가액 평가에 관하여는 「상속세 및 증여세법 시행령」 제54조 제1항을 준용한다.
   라. 채권, 어음, 수표, 채무증서, 신주인수권증서, 양도성예금증서 : 액면가액
   마. 연금저축 : 정기적으로 지급된 금액 또는 최종 잔액
   바. 가목부터 마목까지의 규정에 해당하는 금융재산에서 발생하는 이자와 배당 또는 할인액

2. 신용정보
   가. 대출 현황 및 연체 내용
   나. 신용카드 미결제금액

3. 보험정보
   가. 보험증권 : 해약하는 경우 지급받게 될 환급금 또는 최근 1년 이내에 지급된 보험금
   나. 연금보험 : 해약하는 경우 지급받게 될 환급금 또는 정기적으로 지급되는 금액

제36조의2(금융정보등의 요청 및 제공)

① 법 제23조의2에 따라 보건복지부장관은 금융기관등(금융회사등 및 「신용정보의 이용 및 보호에 관한 법률」 제25조제2항제1호에 따른 종합신용정보집중기관을 말한다. 이하 같다)의 장에게 수급권자, 수급자 및 부양의무자의 금융정보등을 요청하는 경우에는 다음 각 호의 사항을 적은 문서로 하여야 한다.
  1. 수급권자, 수급자 및 부양의무자의 성명과 주민등록번호
  2. 제공을 요청하는 금융정보 등의 범위와 조회기준일 및 조회기간

② 제1항에 따라 수급권자, 수급자 및 부양의무자의 금융정보등을 요청받은 금융기관등의 장은 해당 금융정보등을 다음 각 호의 사항을 적은 문서로 제공하여야 한다.
  1. 수급권자, 수급자 및 부양의무자의 성명과 주민등록번호
  2. 금융정보등을 제공하는 금융기관등의 명칭
  3. 제공 대상 금융상품명과 계좌번호
  4. 금융정보등의 내용

③ 보건복지부장관은 금융기관등의 장에게 제1항에 따른 금융정보등을 해당 금융기관등이 가입한 협회, 연합회 또는 중앙회 등(이하 "협회등"이라 한다)의 정보통신망을 이용하여 제공하도록 요청할 수 있다.

④ 법 제23조의2제2항에 따라 보건복지부장관은 법 제23조에 따른 확인조사의 목적에 필요한 최소한의 범위에서 금융기관등의 장에게 금융정보등을 제공하도록 요청하되, 부양의무자의 경우에는 다음 각 호의 어느 하나에 해당하는 경우에만 요청할 수 있다.
  1. 부양의무자의 차감된 소득이 기준 중위소득의 100분의 20 이상인 경우
  2. 부양의무자의 재산의 소득환산액이 보건복지부장관이 정하여 고시하는 금액 이상인 경우

  3. 그 밖에 재산의 변동이 있을 것으로 의심되는 부양의무자 중 보건복지부장관이 정하는 사람인 경우

제36조의3(급여의 대리수령 범위 등)

① 법 제27조의3제1항제3호에서 "대통령령으로 정하는 사유"란 다음 각 호의 어느 하나에 해당하는 경우를 말한다.
  1. 치매 또는 그 밖에 보건복지부장관이 정하는 사유로 거동이 불가능한 경우
  2. 미성년자인 경우로서 법정대리인의 동의를 받기 어려운 경우

② 법 제27조의3제1항에 따라 수급자의 급여를 받으려는 사람은 보건복지부령으로 정하는 서류를 보장기관에 제출해야 한다.

제37조(자활지원계획)

① 시장·군수·구청장은 법 제28조의 자활지원계획에 따라 수급자의 자활을 체계적으로 지원하기 위하여 다음 각 호의 사항이 포함된 해당 지역의 자활지원계획을 해마다 1월 31일까지 수립하고, 그 계획을 특별자치시장·특별자치도지사는 보건복지부장관에게 보고하여야 하고, 시장·군수·구청장(특별자치시장·특별자치도지사는 제외한다)은 특별시장·광역시장·도지사에게 보고하여야 한다. 〈개정 2015. 4. 20.〉
  1. 해당 연도 및 다음 연도의 자활지원 수요와 자활지원사업 실시에 관한 사항
  2. 해당 연도 및 다음 연도의 자활지원사업 실시를 위한 재원 조달에 관한 사항
  3. 다음 연도의 자활사업실시기관 육성·지원 계획에 관한 사항
  4. 그 밖에 자활지원에 필요한 사항

② 특별시장·광역시장·도지사는 제1항에 따라 보고받은 자활지원계획을 기초로 해당 시·도 자활지원계획을 수립하고, 그 계획을 해마다 2월 말까지 보건복지부장관에게 보고하여야 한다. 이 경우 특별시장·광역시장·도지사는 시장·군수·구청장(특별자치시장·특별자치도지사는 제외한다)과의 협의를 거쳐 제1항의 자활지원계획을 조정할 수 있다.

③ 보건복지부장관은 제1항 및 제2항에 따라 시·도지사로부터 자활지원계획을 보고받은 경우에는 해당 계획의 시행에 필요한 조치를 하여야 한다.

④ 시장·군수·구청장이 법 제28조에 따른 수급자 가구별 자활지원계획 및 이를 지원하기 위한 해당 지역의 자활지원계획을 수립하는 경우에는 지역주민, 자활 관련 전문가 및 자활기관협의체의 의견을 들어야 하며, 필요한 경우에는 직업안정기관의 장 또는 자활사업실시기관의 장에게 자료의 제공 및 협력을 요청할 수 있다. 해당 지역의 자활지원계획을 변경하는 경우에도 또한 같다.

⑤ 보건복지부장관은 법 제20조의2제1항에 따른 기초생활보장 기본계획의 내용을 반영하여 연도별 자활지원계획을 수립하여야 한다.

제38조삭제

제38조의2(이의신청의 방법 등)

① 법 제40조에 따라 이의신청을 하려는 사람은 다음 각 호의 사항을 적은 이의신청서를 직접 또는 담당 공무원의 협조를 받아 작성하여 증명서류를 첨부하여 시·도지사에게 제출하여야 한다.

1. 신청인의 성명 및 주소와 연락처
2. 처분 등의 통지를 받은 연월일
3. 처분 등의 내용 및 통지 사항
4. 이의신청 사유

② 이의신청을 하려는 사람이 법 제7조제1항제1호부터 제4호까지 및 제7호의 급여 중 둘 이상의 급여를 신청하거나 받는 사람에 해당하는 경우에는 법 제7조에 따른 급여 종류별 선정기준이 가장 낮은 급여를 소관하는 중앙행정기관의 장에게 신청하여야 한다. 이 경우 이의신청을 받은 중앙행정기관의 장은 관련 급여를 소관하는 중앙행정기관의 장의 의견을 들을 수 있다.

제39조(보조금의 산출) 법 제43조제2항 및 제3항에 따른 보조금은 법 제22조부터 제24조까지의 규정에 따라 조사된 수급자 총수와 실시 중인 급여의 종류를 기준으로 산출한다.

제40조(보조금의 정산)

① 지방자치단체는 지출한 보장비용의 총액이 법 제43조제2항 또는 제3항에 따라 국가(시·군·구의 경우에는 시·도를 말한다. 이하 이 조에서 같다)에서 받은 보조금과 법 제43조제1항제4호의 비율에 따른 해당 지방자치단체 부담금의 합계액을 초과하는 경우에는 그 초과 지출한 금액에 대하여 법 제43조제1항제4호의 비율에 따른 보조금을 국가에 신청할 수 있다.

② 지방자치단체는 지출한 보장비용의 총액과 법 제43조제2항 또는 제3항에 따라 국가에서 받은 보조금 및 해당 지방자치단체 부담금의 합계액을 정산한 결과 잉여금이 있는 경우에는 그 잉여금에서 법 제43조제1항제4호의 비율에 따른 해당 지방자치단체의 부담금을 빼고 남은 잉여금은 국가에 반납하여야 한다.

제41조(보장비용의 징수)

① 보장기관은 법 제46조제1항에 따라 부양능력을 가진 부양의무자로부터 보장비용을 징수하는 경우에는 법 제42조제3호에 따른 급여실시비용(이하 이 조에서 "징수대상보장비용"이라 한다)의 범위에서 다음 각 호의 구분에 따라 각각의 부양의무자로부터 징수하되, 그 각각의 부양의무자에 대하여 산출한 금액의 합계액이 징수대상보장비용을 초과하는 경우에는 산출한 금액 간의 비율에 따라 징수대상보장비용을 나눈 금액을 각각의 부양의무자로부터 징수한다.

1. 제5조의6제1항제4호에 따른 부양의무자가 수급권자에게 정기적으로 금품을 지원하지 아니하는 경우 : 제5조의6제1항제4호다목에 따라 보건복지부장관이 정하는 금액

2. 제1호 외의 경우에 해당하는 경우 : 징수대상보장비용 전액

② 법 제46조제2항에 따라 보장기관이 부정수급자에게 징수하는 보장비용은 징수대상보장비용 전액으로 하되, 부정수급자가 2명 이상인 경우에는 부정수급자의 수로 나눈 금액을 각각 징수한다.

③ 보장기관은 보장비용을 징수하는 경우에는 30일 이상의 기한을 정하여 납부통지를 하여야 하며, 부양의무자 또는 부정수급자가 납부기한 내에 납부하지 아니하는 경우에는 30일 이상의 기한을 정하여 납부를 독촉하여야 한다.

제42조(민감정보 및 고유식별정보의 처리)

① 보장기관(법 제15조제2항에 따라 자활급여를 위탁한 경우에는 자활급여를 위탁받은 기관을 포함하며, 제7조제2항에 따라 근로능력평가를 의뢰한 경우에는 「국민연금법」 제24조에 따른 국민연금공단을 포함한다)은 다음 각 호의 사무를 수행하기 위하여 불가피한 경우 「개인정보 보호법」 제23조에 따른 건강에 관한 정보나 같은 법 시행령 제19조에 따른 주민등록번호, 여권번호, 운전면허의 면허번호 또는 외국인등록번호가 포함된 자료를 처리할 수 있다.

1. 법 제15조에 따른 자활급여에 관한 사무

2. 법 제21조, 제22조 및 제26조에 따른 급여의 신청, 신청에 따른 조사 및 급여의 결정 등에 관한 사무

3. 법 제23조에 따른 확인조사에 관한 사무

4. 법 제23조의2에 따른 금융정보등의 요청·제공에 관한 사무

5. 법 제24조에 따른 차상위계층에 대한 조사에 관한 사무

6. 법 제29조 및 제30조에 따른 급여의 변경 및 급여의 중지 등에 관한 사무

7. 법 제38조부터 제41조까지의 규정에 따른 이의신청에 관한 사무

8. 법 제46조 및 제47조에 따른 비용의 징수 및 반환명령에 관한 사무

9. 제7조에 따른 근로능력평가에 관한 사무

② 자활복지개발원은 다음 각 호의 사무를 수행하기 위하여 불가피한 경우 「개인정보 보호법」 제23조에 따른 건강에 관한 정보나 같은 법 시행령 제19조에 따른 주민등록번호, 여권번호, 운전면허의 면허번호 또는 외국인등록번호가 포함된 자료를 처리할 수 있다.

1. 법 제15조의3제1항제1호에 따른 자활 지원을 위한 사업의 개발 및 평가에 관한 사무

2. 법 제15조의3제1항제2호에 따른 자활 지원을 위한 조사 및 연구에 관한 사무

3. 법 제15조의3제1항제3호에 따른 광역자활센터, 지역자활센터 및 자활기업의 평가에 관한 사무

4. 법 제15조의3제1항제4호 및 제5호에 따른 자활 관련 기관 간의 협력체계 및 정보네트워크 구축·운영에 관한 사무

5. 법 제15조의3제1항제7호에 따른 고용지원서비스의 연계 및 사회복지서비스의 지원 대상자 관리에 관한 사무

6. 법 제15조의3제1항제8호에 따른 자활 관련 기관의 종사자 및 참여자에 대한 교육·훈련 및 지원에 관한 사무

7. 법 제15조의4제2항에 따른 원장과 감사의 추천 및 같은 조 제4항에 따른 이사의 추천에 관한 사무

8. 법 제18조의8제1항 및 제2항에 따른 자산형성지원과 그 교육에 관한 사무

9. 법 제18조의10제1항에 따른 자활지원사업 통합정보전산망의 구축·운영에 관한 사무

제43조(과태료의 부과기준) 법 제50조의2제1항에 따른 과태료의 부과기준은 별표와 같다.

부칙〈제32374호, 2022. 1. 28.〉

이 영은 2022년 1월 28일부터 시행한다.

당신의 꿈은 뭔가요?
MY BUCKET LIST !

꿈은 목표를 향해 가는 길에 필요한 휴식과 같아요.
여기에 당신의 소중한 위시리스트를 적어보세요. 하나하나 적다보면 어느새 기분도
좋아지고 다시 달리는 힘을 얻게 될 거예요.

- ☐ _____
- ☐ _____
- ☐ _____
- ☐ _____
- ☐ _____
- ☐ _____
- ☐ _____
- ☐ _____
- ☐ _____
- ☐ _____
- ☐ _____
- ☐ _____
- ☐ _____
- ☐ _____
- ☐ _____
- ☐ _____
- ☐ _____
- ☐ _____
- ☐ _____
- ☐ _____
- ☐ _____
- ☐ _____

- ☐ _____
- ☐ _____
- ☐ _____
- ☐ _____
- ☐ _____
- ☐ _____
- ☐ _____
- ☐ _____
- ☐ _____
- ☐ _____
- ☐ _____
- ☐ _____
- ☐ _____
- ☐ _____
- ☐ _____
- ☐ _____
- ☐ _____
- ☐ _____
- ☐ _____
- ☐ _____
- ☐ _____
- ☐ _____

창의적인 사람이 되기 위해서

정보가 넘치는 요즘, 모두들 창의적인 사람을 찾죠.
정보의 더미에서 평범한 것을 비범하게 만드는 마법의 손이 필요합니다.
어떻게 해야 마법의 손과 같은 '창의성'을 가질 수 있을까요. 여러분께만 알려 드릴게요!

01. 생각나는 모든 것을 적어 보세요.

아이디어는 단번에 솟아나는 것이 아니죠. 원하는 것이나, 새로 알게 된 레시피나, 뭐든 좋아요.

떠오르는 생각을 모두 적어 보세요.

02. '잘하고 싶어!'가 아니라 '잘하고 있다!'라고 생각하세요.

누구나 자신을 다그치곤 합니다. 잘해야 해. 잘하고 싶어.

그럴 때는 고개를 세 번 젓고 나서 외치세요. '나, 잘하고 있다!'

03. 새로운 것을 시도해 보세요.

신선한 아이디어는 새로운 곳에서 떠오르죠. 처음 가는 장소, 다양한 장르에 음악, 나와 다른 분야의 사람.

익숙하지 않은 신선한 것들을 찾아서 탐험해 보세요.

04. 남들에게 보여 주세요.

독특한 아이디어라도 혼자 가지고 있다면 키워 내기 어렵죠.

최대한 많은 사람들과 함께 정보를 나누며 아이디어를 발전시키세요.

05. 잠시만 쉬세요.

생각을 계속 하다보면 한쪽으로 치우치기 쉬워요. 25분 생각했다면 5분은 쉬어 주세요.

휴식도 창의성을 키워 주는 중요한 요소랍니다.